中/华/少/年/信/仰/教/育/读/本

中国古代园林艺术

中华少年信仰教育读本编写委员会 / 编著

信仰创造英雄　信仰照亮人生

中国出版集团有限公司

世界图书出版公司
北京　广州　上海　西安

图书在版编目（CIP）数据

中国古代园林艺术/中华少年信仰教育读本编写委员会编著．— 北京：世界图书出版公司，2016.5（2024.5 重印）
 ISBN 978-7-5192-0868-4

Ⅰ. ①中… Ⅱ. ①中… Ⅲ. ①古典园林—园林艺术—中国—青少年读物 Ⅳ. ① K928.73-49

中国版本图书馆 CIP 数据核字（2016）第 049036 号

书　　名	中国古代园林艺术 ZHONGGUO GUDAI YUANLIN YISHU
编　　著	中华少年信仰教育读本编写委员会
总 策 划	吴　迪
责任编辑	尹天怡
特约编辑	郜迪新
出版发行	世界图书出版有限公司北京分公司
地　　址	北京市东城区朝内大街 137 号
邮　　编	100010
电　　话	010-64033507（总编室）　（售后）0431-80787855　13894825720
网　　址	http：//www.wpcbj.com.cn
邮　　箱	wpcbjst@vip.163.com
销　　售	新华书店及各大平台
印　　刷	北京一鑫印务有限责任公司
开　　本	165 mm×230 mm　1/16
印　　张	11.5
字　　数	150 千字
版　　次	2016 年 8 月第 1 版
印　　次	2024 年 5 月第 5 次印刷
国际书号	ISBN 978-7-5192-0868-4
定　　价	45.00 元

版权所有　翻印必究

（如发现印装质量问题或侵权线索，请与所购图书销售部门联系或调换）

序　言

　　信仰是什么？

　　列夫·托尔斯泰说："信仰是人生的动力。"

　　诗人惠特曼说："没有信仰，则没有名副其实的品行和生命；没有信仰，则没有名副其实的国土。"

　　信仰主要是指人们对某种理论、学说、主义或宗教的极度尊崇和信服，并把它作为自己的精神寄托和行动的榜样或指南。信仰在心理上表现为对某种事物或目标的向往、仰慕和追求，在行为上表现为在这种精神力量的支配下去解释、改造自然界和人类社会。

　　信仰，是一个人在任何时候都不能丢的最宝贵的精神力量。人有信仰，才会有希望、有力量，才会树立正确的价值观，沿着正确的道路前行，而不至于在多元的价值观和纷繁复杂的世界中迷失方向。

　　信仰一旦形成，会对人类和社会产生长期的影响。青少年是社会的希望和未来的建设者，让他们从普适意识形成之初就接受良好的信仰教育，可以令信仰更具持久性和深刻性，可以使他们在未来立足于社会而不败，亦可以使我们的伟大祖国永远立于世界民族之林。

　　事实上，信仰教育绝不是抽象的、概念化的教育，现实生活中，我们有无数可以借鉴的素材，它们是具体的、形象的、有形的、活生生的，甚至是有血有肉的。我们中华民族有着几千年的辉煌历史，多少仁人志士只为追求真理、捍卫真理，赴汤蹈火，前仆后继；多少文人骚客只为争取心中的一方净土，只为渴求心灵的自由逍遥，甘于寂寞，成就美名；多少爱国志士只为一个"义"字，不惜抛头颅、洒热血。他们如滚滚长江中的朵朵浪花，翻滚激荡，生生不息，荡人心魄。如果我们能继承和发扬这些精神和信仰，用"道"约束自己的行为，用"德"指导人生的方向，那么我们的文明必将更加灿烂，我们的国运必将更加昌盛。

正基于此，"中华少年信仰教育读本系列丛书"应运而生。除上述内容外，本丛书还收录了中国人民百年来反对外来侵略和压迫，反抗腐朽统治，争取民族独立和解放，前赴后继，浴血奋斗的精神和业绩，尤其是中国共产党领导全国人民为建立新中国而英勇奋斗的崇高精神和光辉业绩；不仅有中国历史上涌现出的著名爱国者、民族英雄、革命先烈和杰出人物，还有新中国成立以后涌现出的许许多多的英雄模范人物。

阅读这套丛书，能帮助青少年树立自己人生的良好的偶像观，能帮助青少年从小立下伟大的志向，能帮助青少年培养最基本的向善心，能帮助青少年自觉调节自己的行为，能帮助青少年锁定努力的方向，能帮助青少年增加行动的信心和勇气。

习近平总书记说："人民有信仰，民族才有希望，国家才有力量。"因此我们有理由相信：少年有信仰，国家必有希望。

中华少年信仰教育读本编写委员会

目录

第一章　对自然的向往 / 001

贵族的奢侈 / 001

中国园林的发展 / 003

意识形态的体现 / 006

本于自然、高于自然 / 010

皇家园林、寺观园林与私家园林 / 014

第二章　对自然的模仿 / 020

早期的园林 / 020

向艺术的升华 / 024

园林的繁荣 / 028

风景式园林的成熟 / 032

园林的终结 / 035

第三章　皇家园林帝王的享乐 / 038

古代园林建筑之精华 / 038

气势森严的高贵 / 042

"万园之园"——圆明园 / 044

避暑山庄：最大的行宫 / 051
皇家园林之首——颐和园 / 057

第四章　私家园林富豪的情趣 / 062

休闲的转化 / 062
诗情画意的追求 / 065
寄情山水间 / 067
私家园林的特色 / 069
造园的手法 / 071
精致的体现 / 074
苏州私家园林 / 076
扬州私家园林 / 083
北京私家园林 / 085

第五章　文人园林精神的居所 / 089

文人园林的产生 / 089
文人园林的兴起 / 094
写意化的建筑 / 097
隐士文化的结晶 / 100
陶渊明与园林 / 104
《红楼梦》中的园林 / 106
诗文与园林 / 110

第六章　园林之美 / 114

   东西方的园林艺术 / 114
   中国园林艺术的演进 / 116
   中国古代园林艺术的美学追求 / 121
   诗情画意的追求 / 125
   建筑的艺术 / 127
   意境的创造 / 132
   寺庙古刹、街市酒肆等布置 / 137

第七章　"天人合一"的理念 / 139

   "天人合一"的哲学思想 / 139
   自然美与意境美 / 141
   造园的基本理论 / 143
   造园的要素 / 149
   风格的比较 / 155

第八章　继承和发展 / 161

   继承和保护 / 161
   对现代的启发 / 166
   国际地位与影响 / 170

第一章 对自然的向往

贵族的奢侈

园林是人类出于对大自然的向往而创造的一种充满自然趣味的游憩环境，是一种审美享受的对象。在社会财富集中于少数人，广大人民群众食不果腹的情况下，园林是特权阶级的一种奢侈品。造园首先需要土地，即使是"半亩园"，还是需要半亩的土地；即使是巴比伦的"空中花园"，也需要支撑它的那块土地。土地是一种财富，在土地上建造园林需要花费大量的财力、物力、人力。所以，在历史上，园林只能为富人所占有、所享用。贫无立锥之地或家徒四壁的人们固然是谈不到园林享受的。即使一般"小康之家"，又有几多能置备得起园林？过去中国是这样，外国也绝不例外。对于文明日益发达的现代来说，园林享乐已成为广大人民群众生活的必需，各国作为社会福利，都设有各种类型的公共园林。发达国家中，私家园林也有普遍的发展。

中国古典园林是古代世界的主要园林体系之一，有三千年的悠久历史，从史籍资料上看，可以

追溯到公元前13世纪的商周时期。《史记·殷本纪》载：商纣王"厚赋税以实鹿台之钱，而盈钜桥之粟。益收狗马奇物，充仞宫室。益广沙丘苑台，多取野兽蜚鸟置其中……大冣乐戏于沙丘"。这座沙丘（位于今河北广宗县大平台）就是供帝王后妃"乐戏"的园林。

中国古典园林的漫长的演进过程，正好相当于以汉民族为主体的封建大帝国从开始形成转为全盛、成熟直到消亡的过程。这个封建大帝国的疆域如此之广、历史如此之长，在当时的世界范围内是独一无二的。之所以出现如此的局面，固然有客观的地理环境和地缘政治的原因，但根本的原因在于它本身所具备的三个特殊条件：一、经济上以血缘家族的地主小农经济为主体，工商业经济始终处于依附的地位；二、政治上依靠封建礼制与官僚机构相结合的国家机器，有效地控制着全国的广大地域；三、儒家倡导的以礼乐为中心的封建秩序、尊王攘夷的大一统思想，始终占据着意识形态的主导地位。

这三个条件起着支柱和互相制约的作用，好像鼎的三足支撑着帝国的稳定状态。一旦三个支柱之间的制约关系失去平衡，国家必动乱不安。经过自我调整而趋于再平衡，国家又恢复稳定。如此一治一乱的更迭，维系着这个封建大帝国的存在和发展。一直持续将近两千年。

中国古典园林得以持续演进的契机便是这经济、政治、意识形态三者之间的平衡和再平衡，逐渐完善的主要动力亦得之于此。

园林是人类融合于大自然的缩写。用造园艺术的手段加工或再现的自然风景，是理想化的、蓄以人类生活情趣的园林景象。它潜在地给人以劳动加工自然的欣慰，而更为直接地给人以如吟诗、读书的赏心悦目的美感享受。

中国园林的发展

中国古代园林的发展历史悠久，经历了大约从公元前11世纪的奴隶社会后期到19世纪末封建社会解体三千余年时间。在这漫长的、不间断的发展过程中，形成了世界上独树一帜的风景式园林体系——中国园林体系。这个园林体系作为中国古代文化的一个重要组成部分，具有"封闭性""拒异性"和"同化性"的特点。它不像同一阶段的西方园林那样，呈现出各个时代以及各个地区在形式和风格上的迥然不同的变化，而是在漫长的历史进程中自我完善，外来的影响甚微。因此，中国古代园林的发展表现为极缓慢的、持续不断的演进。

《易经》上讲："上古穴居而野处，后世圣人易之以宫室，上栋下宇，以待风雨"。中国的木制建筑很早已相当发达，西周时代即出现有风景意味的苑囿，"经始灵台，经之营之""王在灵囿，麀鹿攸伏""麀鹿濯濯，白鸟翯翯，王在灵沼，於牣鱼跃"(《诗·大雅·灵台》)。

春秋战国时期，各国建台设囿之风极盛，如楚庄王筑层台，吴王夫差筑姑苏台，赵武灵王筑丛台。古人模山建台，既表示对山岳的崇拜，象征不可企及的权势，也有娱乐的目的。秦始皇统一中国，建上林苑，苑中有阿房宫，引渭水作长池，并建蓬莱仙境于池中。汉末魏晋时代，魏王曹操在邺都建铜雀台、金虎台、冰井台。从由外部环境的威胁中获得生存保护，到对外部世界和物质财富的占有，进而追求心理的满足和审美的享受，中国园林一步一步发展起来。它在魏晋之际勃兴，魏晋时代也是士人园林得到发展的时期，并以诗情画意般的格调和情韵影响到帝王园林的景观设计。唐宋时代是中国封建社会最繁荣的阶段，不仅皇家园林，而且文人地方园林也加快了发展。到明清两代，江南是地方园林最发达的地区，并出现了论述造园艺术的专著《园冶》。自元至明清，北京的本地自然条件与几千年古典园林建筑经验相结合，创造出了代表最高艺术成就的京都皇家园林，达到中国古代造园史上的最高峰。我们可以把中国古典园林的全部发展历史分为五个时期：

生成期

即园林产生和成长的幼年期，相当于先秦、两汉。在这一时期，

分封采邑制转化为中央集权的郡县制，确立了皇权为首的官僚机构的统治，儒学逐渐获得了正统地位。以地主小农经济为基础的封建大帝国也初步形成，规模宏大、气魄浑伟的皇家宫廷园林成为这个时期造园活动的主流。

转折期

相当于魏晋南北朝。在这期间，小农经济受到豪族庄园经济的冲击，北方少数民族南下入侵，帝国处于分裂状态。而在意识形态方面则突破了儒学的正统地位，呈现出诸家争鸣、思想活跃的局面。豪门士族在一定程度上削弱了以皇权为首的官僚机构的统治，民间的私家园林异军突起。佛教和道教的流行，使寺观园林开始兴盛。园林艺术兼容儒、道、玄诸家的美学思想而向更高水平跃进，奠定了中国风景式园林大发展的基础。

全盛期

相当于隋、唐。帝国复归统一，豪族势力和庄园经济受到抑制，已不占主要地位，中央集权的官僚机构更加健全和完善。在前一时期的诸家争鸣的基础上形成儒、道、释互补、共尊，但儒家仍居正统地位。唐王朝的建立开创了帝国历史上一个意气风发、勇于开拓、充满活力的全盛时代。从这个时代，我们能够看到中国传统文化曾经有过的闳放的风度和旺盛的生命力。园林的发展也相应地进入盛年期。作为一个园林体系，它的独特风格已经基本上形成了。

成熟前期

相当于两宋到清初。继唐代盛期之后，中国封建社会的特征已发育定型，农村的地主小农经济稳步成长，城市的商业经济空前繁荣，市民文化的勃兴为传统的封建文化注入了新鲜血液。封建文化的发展虽已失去汉、唐的闳放风度，但却转化为在日愈缩小的精致境界中实现着从总体到细节的自我完善。相应地，园林的发展由盛年期而升华为富于创造进取精神的完全成熟的境地。

成熟后期

相当于清中叶到清末。清代的乾隆朝是中国封建社会的最后一个繁盛时代，表面的繁盛掩盖着四伏的危机。道光、咸丰以后，随着西方帝国主义势力入侵，封建社会盛极而衰，逐渐趋于解体，封建文化也愈来愈呈现衰颓的迹象。园林的发展，一方面继承前一时期的成熟传统而更趋于精致，表现了中国古典园林的最高成就；另一方面则暴露出某些衰颓的倾向，逐渐流于繁琐、僵化，已丧失前一时期的积极、创新精神。

清末民初，封建社会完全解体，历史发生急剧变化，西方文化大量涌入，中国园林的发展亦相应地发生了根本性的转变，结束了古典时期，开始进入世界园林发展的第三阶段——现代园林的阶段。

意识形态的体现

中国古典园林是古代世界的主要园林体系之一。园林作为一种文化形态，它的产生、成长、兴盛、衰落、直到消亡的全部进程，都离不开其自然背景和人文背景的制约与影响。

从自然因素来看，中国多山，山地面积约占国土总面积的三分之二；中国多河、湖，大小河流总计51 600余条，其中的外流河大多发源于西部高原地带，随国土地势的倾斜，向东、南分别注入太平洋和印度洋，在入海处形成三角洲；中国还是世界上植物种类最多的国家，西方学者誉之为"园林之母"；中国的气候兼具大陆性和海洋性的特点，变化情况十分复杂，各地干、湿状态的差别极大。

正是中国国土的锦绣大地山川，构成了中国古典园林历来发展的自然背景。

自然背景除非遭遇重大的生态变异，一般都呈现为静态的状况，人文背景则经常处于诸要素此消彼长的动态演进之中。

公元前3世纪的秦代至公元19世纪末的清代的封建社会时段，是中国古典园林发展历史上最辉煌的时期，同时也是人文背景的影响比较凸显的时期。

经济方面：封建社会确立了地主小农经济体制，农业成为立国之根本。农民从事农耕生产，是社会物质财富的主要创造者；地主通过土地买卖及其他手段大量占有农田，地主阶级知识分子掌握文化，一部分则成为文人。以此两者为主体的耕、读家族所构建的社区，以一家一户为生产单位的自给自足的分散经营，便成为封建帝国的社会基层结构的主体。中国成熟的小农经济在古代世界居于先进地位，对园林的影响极为深刻，形成园林的封闭性和一家一户的分散性的经营。而精耕细作所表现的"田园风光"则广泛渗透于园林景观的创造，甚至衍生为造园风格中的主要意象和审美情趣。

政治方面：封建社会实行中央集权的政治体制，皇帝集政权于一身，这种集权的政治理念在皇帝经营的园林中表现为宏大的规模以及风景式园林造景所透露出来的特殊、浓郁的"皇家气派"。由于朝廷历来执行"重农抑商"的政策，商人虽有经济实力，但社会地位不高，始终不能形成政治力量。"士"作为一个特殊阶层，他们中的精英分子密切联系着当代政治、经济、文化、思想的动态。"士"是社会上雅文化的领军者，他们把高雅的气质赋予园林，士人们所经营的"文人园林"成为民间造园活动的主流，也是涵盖面最广泛的园林风格。它的精品具有典范的性质，往往引为园林艺术创作和评论的准则。随着市民阶层的勃兴，市井的俗文化逐渐渗入民间造园活动，从而形成园林艺术的雅俗并列、互斥，进而合流融汇的情况，这在园林发展的后期尤为明显。

意识形态方面：儒、道、释三家学说构成中国传统哲学的主流，也是中国传统文化的三个坚实的支柱。

儒家学说以"仁"为根本、以"礼"为核心，倡导"君臣父子"的大义名分、"修齐治平"的政治理念和"人世"的人生观，是封建时代意识形态的正统。儒家学说在中国古典风景式园林中均有所反映，表现为自然生态美与人文生态美并重、风景式自由布局中含蕴着的一种井然的秩序感和浓郁的生活气氛。

道家学说以自然天道观为主旨，政治上主张无为而治，提倡"绝圣弃智""绝仁弃义"。这些都与儒家形成对立。道家崇尚自然并发展为以自然美为核心的美学思想，即所谓"天地有大美而不言"。这种原始的美学思想与"返璞归真""小国寡民"的憧憬相结合，铸就了士人们的宁静致远、淡泊自适、潇洒飘逸的心态特征。道家学说对中国古典园林的影响也十分巨大：凡造园的立意、构思方面的浪漫情调和飘逸风格以及园林规划，都通过筑山理水的辩证布局来体现山嵌水抱的关系；至于皇帝经营的大型园林景观之讲求神仙境界的模拟，以及种种的仙苑模式等等，更是显而易见。

儒家、道家倡导以根本的"道"来统摄宇宙间万事万物的"器"，影响传统的思维方式，形成更注重综合观照和往复推衍的思维。因而各种艺术门类之间可以突破界域、触类旁通，铸就了中国古典园林得以参悟于诗、画艺术，形成"诗情画意"的独特品质。

释即佛家，包括佛教和佛学，产生于公元前6世纪的北印度，大约在西汉末年（一说东汉初）传入中国内地，即"汉传佛教"，随着时间的推移而逐渐汉化，产生了具有汉文化特色的十余个宗派。佛家对中国传统的哲学、文学艺术、民情风俗、伦理道德等都有影响，为中国传统文化注入了新鲜血液。在诸多宗派之中，禅宗的汉化程度最深，影响也最大。禅宗主张一切众生皆有佛性，在修持方法上非常重视人的"悟性"。禅宗传教往往不借助经典性的文字，而是运用"语录"和"公案"来立象设教，即使"呵佛骂祖"亦无不可。这种思维方式普遍得到文人士大夫的青睐，并通过他们而广泛渗入到艺术创作实践之中，从而促成了艺术创作更强调"意"，更追求创作构思的主观性和自由无羁，使得作品能达到情、景与哲理交融化合的境界，从而把完整的"意境"凸显出来。禅宗思维对后期的古典园林也很有影响，在意境的塑造以及在意境与物境关系的处理上尤为明显。

儒、道、释三家是中国传统意识形态的主流。除此之外，还有其他的许多要素，它们是在特定的历史情况下，融糅儒、道、释的某些观点，或者受到此三家的浸润而逐渐衍生出来的。它们又与此三家共同构筑起百花齐放的意识形态园地，成为中国古典园林历史发展进程中的意识形态背景。

对中国古典园林的发展而言，自然背景最良好的地区，也是其人文背景最优越的地区。换句话说，历来的文化发达地区、自然生态良好地区、园林荟萃地区，就地域分布而言，大致是重合的。三千余年的历史进程中，在良好的自然背景以及人文背景的基础上，中华民族向古代世界做出了一项伟大的贡献——创造了一个如此源远流长、博大精深的古典园林体系。

本于自然，高于自然

中国园林体系若与世界上其他园林体系相比较，具有许多不同的类型。而各个类型之间，又有着许多共性。中国园林的主要特点是因地制宜，结合自然山水，布置房屋花木，充分利用环境，善于借景，构成富于诗画般风趣的园林。这种以祖国自然风光为原型的园林建筑构成了独特的造园体系。置身园中，会从人为的环境中寻找到自然美，又从自然美中陶醉于意境美。中国园林特点可以概括为四个方面：

本于自然而高于自然

自然风景以山、水为地貌基础，以植被作装点。山、水、植物

乃是构成自然风景的基本要素，当然也是风景式园林的构景要素。但中国古典园林绝非一般地利用或者简单地模仿这些构景要素的原始状态，而是有意识地加以改造、调整、加工、剪裁，使朴素的自然美得到提炼加工，赋予自然美以人的审美情感，构建出高于自然美的园林，从而表现一个精练概括、典型化的自然。唯其如此，像颐和园那样的大型天然山水园才能够把具有典型性格的江南湖山景观在北方的大地上复现出来。这就是中国古典园林的一个最主要的特点——本于自然而又高于自然，这个特点在人工山水园的筑山、理水、植物配置方面表现得尤为突出。

英国园林与中国园林同为风景式园林，二者都以大自然作为创作的本源。但前者是理性的、客观的写实，侧重于再现大自然风景的具体实感，审美感情则蕴含于被再现的物象的总体之中；后者为感性的、主观的写意，侧重于表现主体对物象的审美感受和由此引起的审美感情。英国园林之创作，原原本本地把大自然的构景要素经过艺术的组合、相应于用地的大小而呈现在人们的眼前。中国园林的创作则是通过对大自然及其构景要素的典型化、抽象化而传达给人们自然生态的信息，它不受地段的限制，能于小中见大，也可大中见小。

总之，本于自然、高于自然是中国古典园林创作的主旨，目的在于求得一个概括、精练、典型而又不失其自然生态的山水环境。这样的创作只有合乎自然之理，才能获致天成之趣。否则就不免流于矫揉造作，犹如买椟还珠、徒具抽象的躯壳而失却风景园林的灵魂。

建筑美与自然美相融合

中国古典园林的建筑无论多寡，也无论其性质、功能如何，都能够与山、水、花木这三个造园要素有机结合在一系列风景画面之中。突出彼此协调、互相补充的积极的一面，限制彼此对立、互相排斥的消极的一面。并且把后者转化为前者，从而在园林总体上达到一种人工与自然高度和谐的境界，使园内的殿阁亭榭以及其他建筑群都与自然山水花木结合起来，创造出天人和谐的境界。

中国古典园林之所以能够把消极的方面转化为积极的因素，从而达到建筑美与自然美的融糅，固然是由于传统的哲学、美学和思维方式的主导，同时中国古代木构建筑本身所具有的特性也为此提供了优越的条件。

总之，优秀的园林作品，尽管建筑物比较密集，但也不会让人感觉到被局限在建筑空间之内。虽然处处有建筑，却处处洋溢着大自然的盎然生机。这种谐和情况，在一定程度上反映了中国人的"天人合一"的自然观，体现了道家对待大自然的"为而不恃、主而不宰"的态度。

诗情画意般的情趣

中国园林的设计构思包含着浓郁的诗、画情趣艺术，园中景观富有诗歌的韵律感和国画的写意魅力，情景交融成为中国古典园林的突出特点。文学是时间的艺术，绘画是空间的艺术。园林的景物既需"静观"，也要"动观"，即在游动、行进中领略观赏，所以园林是时、空综合的艺术。中国古典园林的创作，比其他园林体系更能充分地把握这一特性。它运用各个艺术门类之间的触类旁通，熔铸诗画艺术于园林艺术，使得园林从总体到局部都包含着浓郁的诗、画情趣，这就是通常所谓的"诗情画意"。

诗情，不仅是把前人诗文的某些境界、场景在园林中以具体的形象复现出来，或者运用景名、匾额、楹联等文学手段对园景做直接的点题，而且还在于借鉴文学艺术的章法、手法使得规划设计颇多类似文学艺术的结构。正如钱咏所说："造园如作诗文，必使曲折有法，前后呼应；最忌堆砌，最忌错杂，方称佳构"。

中国的山水画重写形。中国的画家遍游名山大川，研究大自然的千变万化，领会在心，归来后于案几之间挥洒而就。这时候所表现的山水风景已不是个别的山水风景，而是画家主观认识的，对时空具有较大概括性的山水风景。因此，能够以最简约的笔墨获得深远广大的艺术效果。这种情况与园林艺术对大自然的概括、抽象从而获致"本于自然、高于自然"的特点十分相似。两者既沿着同样的创作道路，造园也就可以触类旁通，从立意构思直到具体技法全面借鉴于绘画，从而增强其艺术表现力。就此意义而言，也可以说中国园林是把作为大自然的概括和升华的山水画，以三度空间的形式复现到人们的现实生活中来。这在人工山水园中表现尤为明显。

中国古典园林的规划设计都全面地做到了以画入园、因画成景。而不少优秀的作品确实能够予人以置身画境、如游画中的感受。如果按照宋人郭熙《林泉高致》一书中的说法："世之笃论，谓山水有可行者，有可望者，有可游者，有可居者。画凡至此，皆入妙品。但可望可行不如可居可游之为得"。那么，中国古典园林就无异于可游、可居的立体图画了。

意境的蕴涵

意境是中国艺术的创作和鉴赏方面的一个极重要的美学范畴。简单来说，意即主观的理念、感情，境即客观的生活、景物。意境产生于艺术创作中两者的结合，即创作者把自己的感情、理念熔铸于客观生活、景物之中，从而引发鉴赏者的类似的情感激动和理念联想。

中国古典园林不仅借助于具体的景观——山、水、花木、建筑所构成的各种风景画面来间接传达意境的信息，而且还运用园名、景题、刻石、匾额、对联等文字方式直接通过文学艺术来表达、深化意境的内涵。再者，汉字本身的排列组合、格律对仗极富于装饰

性和图案美，书法是一种高超的艺术。因此，一旦把文学艺术、书法艺术与园林艺术直接结合起来，园林意境的表现便获得了多样的手法：状写、比附、象征、寓意、点题等。表现的范围也十分广泛：情操、品德、哲理、生活、理想、愿望、憧憬等。游人在园林中所领略的已不仅仅是眼睛能看到的景观，还有不断在头脑中闪现的"景外之景"。不仅满足了感官（主要是视觉感官）上的美的享受，还能够获得不断地情思激发和理念联想，即"象外之旨"。就园林的创作而言，无往而非"寓情于景"；就园林的鉴赏而言，随处皆能"见景生情"。

中国古典园林的特点在世界上独树一帜，是其他园林体系不能企及的。园林、文学、绘画、意境融为一体，代表着中国园林艺术的精华，遗存于今的中国古典园林艺术已经得到全世界的公认。

皇家园林、寺观园林与私家园林

中国古典园林由中国的农耕经济、集权政治、封建文化培育成长，比起同一阶段上的其他园林体系，历史最久、持续时间最长、分布范围最广，是一个博大精深而又源远流长的风景式园林体系。

按照园林基址的选择和开发的不同方式，中国古典园林可以分为人工山水园和天然山水园两大类型。

人工山水园即在平地上开凿水体、堆筑假山，人为地创设山水地貌，配以花木栽植和建筑营构，把天然山水风景缩移模拟在一个小范围之内。这类园林均修建在平坦地段上，尤以城镇内居多。在城镇的建筑环境里面创造模拟天然野趣的小环境，犹如点点绿洲，故也称之为"城市山林"。它们的规模从小到大，包含的内容亦相应地由简到繁。一般说来，小型的在0.5公顷以下，中型的约为0.5—3公顷，3公顷以上的就算大型人工山水园了。

人工山水园的四个造园要素之中，建筑是由人工经营的自不待言，而且山水地貌亦出于人为，花木全是人工栽植。因此，造园所受的客观制约条件很少，人的创造性得以最大限度地发挥。艺术创造游刃有余，必然导致造园手法的丰富多彩。所以，人工山水园乃是最能代表中国古典园林的艺术成就的一个类型。

天然山水园一般建在城镇近郊或远郊的山野风景地带，包括山水园、山地园和水景园等。规模较小的利用天然山水的局部或片段作为建园基址，规模大的则把完整的天然山水植被环境作为建园的基址，然后再配以花木栽植和建筑营构。基址的原始地貌因势利导做适当的调整、改造、加工，工作量的多少视具体的地形条件和造园要求而不同。兴造天然山水园的关键在于选择基址，如果选址恰

当，则能以少量的花费获得远胜于人工山水园的天然风景之真趣。人工山水园是缩移模拟天然山水风景建成的，但它毕竟不可能完全予人以身临其境的真实感，正如清初造园家李渔所说的："幽斋磊石，原非得已，不能致身岩下与木石居，故以一拳代山、一勺代水，所谓无聊之极思也"。

按照园林的隶属关系来加以分类，中国古典园林也可以归纳为若干个类型。其中的主要类型有三个：私家园林、皇家园林、寺观园林。

私家园林属于民间的官僚、文人、地主、富商所私有，在古籍里面称之为园、园亭、园墅、池馆、山池、山庄、别业等。

私家园林是相对于皇家的宫廷园林而言的。封建的礼法制度为了区分尊卑贵贱而对士民的生活和消费方式做出种种限定，违者罪为逾制和僭越，要受到严厉制裁。园林的享受作为一种生活方式，也必然要受到封建礼法的制约。因此，私家园林无论在内容或形式方面都表现出许多不同于皇家园林之处。建置在城镇里面的私家园林，绝大多数为"宅园"。宅园依附于住宅作为园主人日常游憩、宴乐、会友、读书的场所，规模不大。

皇家园林属于皇帝个人和皇室所私有，古籍里称之为苑、宫苑、苑囿、御苑等。

皇家园林尽管是模拟山水风景的，也要在不悖于风景式造景原则的情况下尽量显示出皇家的气派。同时，又不断地向民间私家园林汲取造园艺术的养分，从而丰富皇家园林的内容、提高宫廷造园的艺术水平。再者，皇帝能够利用其政治上的特权和经济上的富厚财力，占据大片的土地营造园林，供一己享用，无论人工山水园或天然山水园，规模远非私家园林所可比拟。历史上的每个朝代几乎都有皇家园林的建置，它们不仅是庞大的艺术创作，也是一项耗资甚巨的土木工事。因此，皇家园林数量的多寡、规模的大小，也在

一定程度上反映了一个朝代国力的盛衰。

皇家园林有"大内御苑""行宫御苑"和"离宫御苑"之分。大内御苑建置在皇城或宫城之内,相当于私家园林的宅园,个别也有建置在皇城以外、都城以内的。行宫御苑和离宫御苑建置在都城的近郊、远郊的风景地带,前者供皇帝偶一游憩或短期驻跸之用,后者则作为皇帝长期居住、处理朝政的地方,相当于与大内相联系着的政治中心。此外,在皇帝出巡外地需要经常驻跸的地方,也视其驻跸时间的长短而建置离宫御苑或行宫御苑。

寺观园林即佛寺和道观的附属园林,也包括寺观内外的园林化环境。

在中国古代,重现实、尊人伦的儒家思想占据着意识形态的主导地位。无论外来的佛教或本土成长的道教,群众的信仰始终未曾出现过像西方那样的狂热、偏执的激情。再者,皇帝君临天下,皇权是绝对尊严的权威,像古代西方那样震慑一切的神权,在中国相对于皇权而言始终居于次要的、从属的地位。统治阶级方面,虽屡有帝王佞佛或崇道的,历史上也曾发生过几次"灭法"的事件,但多半出于政治上和经济上的原因。从来没有哪个朝代明令定出"国教",总是以儒家为正宗,而儒、道、佛互补互渗。

　　寺、观既建置独立的小园林一如宅园的模式,也很讲究内部庭院的绿化,多以栽培名贵花木而闻名于世。郊野的寺、观大多修建在风景优美的地带,周围向来不许伐木采薪。因而古木参天、绿树成荫,再配以小桥流水或少许亭榭的点缀,又形成寺、观外围的园林化环境。正因为这类寺、观园林及其内外环境的雅致幽静,历来的文人名士都喜欢借住其中读书养性,帝王以之作为驻跸行宫的情况亦屡见不鲜。

　　私家园林、皇家园林、寺观园林这三大类型是中国古典园林的主体、造园活动的主流。除此之外,也还有一些非主流的园林类型,如像衙署园林、会馆园林、书院园林、祠堂园林以及茶楼酒肆的附属园林等。它们相对来说数量不多,内容大都类似私家园林。城市街道绿化最早见于汉代的史载,但在封建时代仅限于个别的都城,而且数量微乎其微。

按照地理位置的不同，可以将中国古典园林分为北方园林、江南园林和岭南园林。

北方园林，占地宽广，范围较大。因大多为都城所在，故建筑富丽堂皇。但因自然气候条件局限，河川湖泊、园石和常绿树木都较少。由于风格粗犷，所以秀丽媚美则显得不足。北方园林大多集中在北京、西安、洛阳、开封等地，其中尤以北京皇家园林为代表。

江南园林指私家园林的小桥流水、玲珑剔透的娟秀。南方人口密集，河湖、园石、常绿树较多，园林景致细腻精美，具有明媚秀丽、淡雅朴素、曲折幽深的特点。南方园林大多集中于南京、上海、无锡、苏州、杭州、扬州等地，其中尤以苏州私家园林为代表。

岭南园林因其地处亚热带，终年常绿，多河川，造园条件比北方、南方都好。其明显的特点是具有热带风光，建筑都较高而宽敞，建筑装饰中喜欢采用西式的玻璃和花砖。现存岭南类型园林著名的有广东顺德的清晖园、东莞的可园、番禺的余荫山房等。

其实古代园林的风格是多种多样的，就是皇家园林也不一样，如颐和园和避暑山庄就有区别，颐和园是金碧辉煌的宫殿式苑囿，而避暑山庄却是追求山庄情趣的离宫。私家园林也不完全是一样的风格，江浙一带和岭南地区同是私家园林，无论是建筑形式、色彩，还是假山堆叠的手法，都有明显的差异。由于自然生态的地区差异，花木配置的差别，就更明显。即使只有一江之隔的苏州和扬州的私家园林，在风格上也能强烈地表现出地方的差异，它们都恰如其分地统一在历史文化名城的各自风貌之中，与本地的民居、民俗、地方技艺、地方物产、自然景色协调一致。

第二章 对自然的模仿

早期的园林

中国古典园林从萌芽、产生而逐渐成长。这个时期的园林发展虽然尚处在比较幼稚的初级阶段，却已经历了奴隶社会末期和封建社会初期的1200多年的漫长岁月，相当于商、周、秦、汉四个朝代。

最早见于史籍记载的园林形式是"囿"，园林里面的主要构筑物是"台"。中国古典园林产生于囿与台的结合，时间在公元前11世纪，也就是奴隶社会后期的殷末周初。

"囿"就是把自然景色优美的地方圈起来，放养禽兽，供帝王狩猎，所以也叫游囿。《史记》中记载，纣王"益广沙丘苑台，多取野兽飞鸟置其中"，周文王建灵囿，"方七十里，其间草木茂盛，鸟兽繁衍"。最初的天子、诸侯都有囿，只是在范围和规格等级上有所差别，"天子百里，诸侯四十"。狩猎本来是原始人类赖以获得生活资料的手段。进入文明时期以后，农业生产占主要地位，统治阶级便把狩猎转化为再现祖先生活方式的一种娱乐活

动，同时还兼有征战演习、军事训练的意义。殷代后期，帝王为了避免因狩猎破坏农田而丧失民心，把这种活动限制在一定范围之内，四周用垣墙圈起来，其中养蓄禽兽设专人管理，这就是"囿"。囿的范围广阔，除了天然植被外，在空地上种植树木，经营果蔬，即《大戴礼·夏小正》："囿，有韭囿也""囿有见杏"之谓，同时还开凿水池作灌溉之用，当然也建一些简单的建筑物和构筑物。帝王在打猎的间隙，可以观赏自然风景，这就具备了园林的基本功能和格局。

"台"即用土堆筑而成的高台，《吕氏春秋》高诱注："积土四方而高曰台"。它的用处是登高以观天象，通神明。在生产力很低的上古时代，人们不可能科学地去理解大自然，因而对许多自然物和自然现象都怀着敬畏的心情加以崇拜。山是体量最大的自然物，巍峨高耸，仿佛有一种不可抗拒的力量。它高入云霄，则又被人们设想为天神在人间居住的地方。所以世界上的许多民族在上古时代都特别崇拜高山，甚至到现在仍保留着这样的习俗。中国早在殷代的卜辞中就已有崇拜、祭祀山岳的记载。台是山的象征，有的台即

是削平山头加工而成。帝王筑台登高，以通达于天上的神明，因此帝王筑台之风大盛，传说中的帝尧、帝舜均曾修筑高台以通神。夏代的启"享神于大陵之上，即钧台也"。这些台都十分高大，驱使大量奴隶劳动力经年累月才能修造完成。周文王的灵台、周灵王的昆昭之台、齐景公的路寝之台、楚庄王的层台、楚灵王的章华台、吴王夫差的姑苏台等，都是历史上著名的台。台上建置房屋谓之"榭"，除了通神之外，还可以登高远眺，观赏风景，因此，帝王诸侯"美宫室""高台榭"成为一时的风尚，台的"观游"的功能亦逐渐上升，并逐渐与宫室、园林相结合而成为宫苑里面的主要构筑物。

所以说，中国古典园林起源于帝王狩猎的"囿"和通神的"台"。也可以说，狩猎和通神是中国古典园林最早具备的两个功能。为满足狩猎和通神的功能而出现的囿与台，其本身已包含风景式园林的物质因素。

春秋战国时期，诸侯国势力强大，周天子的威信日渐衰弱。诸侯国君摆脱宗法等级制度的约束，竞相修建庞大、豪华的宫苑，其中多数是建置在郊野的离宫别苑。另据记载，吴王夫差曾造梧桐园（今在江苏吴县）、会景园（今在浙江嘉兴）。记载中说"穿沿凿池，构亭营桥，所植花木，类多茶与海棠"，这说明当时造园已有了建造人工池沼、园林建筑和配置花木等技法，象征着中国自然山水式园林已经萌芽。

到了秦汉时期，在国家统一、经济繁荣的大形势下，皇室大兴土木，营建宫室苑囿。秦始皇统一中国后，营造宫室，其规划宏伟壮丽。其中最为有名的是秦始皇在咸阳渭水之南建上林苑，并在苑中建阿房宫，可谓"离宫别馆，弥山跨谷"，形成早期园林的另一种形式"宫苑"。在上林苑中，引渭水作长池，并在池中筑蓬莱仙山以象征神山仙境，从而开创了园林中人工堆山之先河。

汉代，汉武帝刘彻在国力强盛之时，大造宫苑。在秦上林苑的基础上，进行大规模扩建、改建，形成苑中有宫、有城，宫室建筑群成为苑的主体。同时，开凿昆明、太液两池，在建章宫的太液池中建有蓬莱、方丈、瀛洲三座仙山，这三座水中神山的出现，体现了皇家园林的神仙思想，这种技法被皇家园林奉为经典，成为后来历代皇家园林的主要模式。

秦汉时期的园林从产生而逐渐成长，在时间上持续了将近一千二百年。尽管造园活动的规模很大，但园林的演进变化极其缓慢，始终处在发展的初级阶段。主要表现在以下几个方面：

尚不具备中国古典园林的全部类型，造园活动的主流是皇家园林。私家园林虽已见诸文献记载，但为数甚少，而且都是模仿皇家园林的规模和内容，两者之间尚未出现明显的类型上的区别。

园林的功能由早先的狩猎、通神、求仙、生产为主，逐渐转化为后期的游憩、观赏为主。但无论天然山水园或者人工山水园，建筑物只是简单地散布、铺陈、罗列在自然环境中。建筑作为一个造园要素，与其他自然要素之间似乎并无密切的有机关系。因此，园林的总体规划还比较粗放，谈不上设计经营。

由于原始的山川崇拜、帝王的封禅活动，再加上神仙思想的影响，大自然在人们的心目中尚保持着一种浓重的神秘性。儒家的"君子比德"之说，又导致人们从伦理、功利的角度来认识自然之美。对于大自然山水风景，尚未构建完全自觉的审美意识。所以，文学作品中有关自然景物的描写如《诗经》和《楚辞》充满了以德喻美的比兴，汉赋尽管气势磅礴却并没有把作者的主观感情融入进去。园林也存在类似的情况，早期的台与囿相结合即已包含着风景式园林的因子，以后又受到天人合一、君子比德、神仙思想的影响而向着风景式方向上发展。毕竟仅仅是大自然的客观写照，虽本于自然却未必高于自然。宫苑布局出于法天象、仿仙境、通神明的目的，有的如上林苑还兼具皇家庄园和皇家猎场的性质，帝王经营苑囿似乎把自己的力量展现到了狂热的程度，而其规模之宏大令人瞠目结舌。筑台登高、极目远眺所看到的也都是大幅度、远视距的粗犷景观，但在园林里面所进行的审美的经营毕竟尚处在低级的水平上，造园活动并未完全达到艺术创作的境地。

向艺术的升华

魏晋南北朝是中国历史上的一个大动乱时期，也是思想十分活跃的时期。儒、道、佛、玄诸家争鸣，彼此阐发。思想的解放促进了艺术领域的开拓，也给园林以很大的影响，造园活动逐渐普及于民间，而且升华到艺术创作的境界。所以说，这个时期是中国古典园林发展史上的一个承先启后的转折期。

魏晋南北朝时期，社会动荡不安，人民流离失所，生活极其痛苦，朝廷上下敛财、荒淫奢靡成风。知识分子产生了对政治厌恶和对现实不满的情绪，在残酷现实生活面前，迫使人们重新认识了老庄哲学的"无为而治、崇尚自然"的思想。玄学的返璞归真、佛家的处世思想也在一定程度上激发了人们对大自然的向往之情。因此，大批文人士大夫逃避现实，归隐山林，寄情山水，终日徜徉于林泉之间，对大自然的审美感受日渐深厚。

优美的自然风景激发了他们的灵感，于是悟于胸，发于笔端，开创了中国山水文化的新纪元。在这样的时代思潮主导下，社会上逐渐形成游山玩水的浪漫风气，名士们都喜欢啸嗷行吟于山际水畔，首次出现了以描写山川风物为主的山水诗和山水画。这类题材的诗文尽管尚处于不太成熟的幼年期，不免多少带着矫揉造作的痕迹，但毕竟突破了两汉大赋的崇景华贵、排比罗列，而追求自然恬适、情景交融，不能不说是具有划时代意义的创新。独立的山水画也开始出现了，这些画作形式虽然十分幼稚，正如张彦远《历代名画记》所说："或水不容泛，或人大于山；率皆附以树石，映带其地，列植之状，则若伸臂布指"，但毕竟在开掘自然美的基础上萌芽成长起来。山水园林和山水风景区的发展更为显著，它们与山水诗文之间互相启导的迹象也十分明显，奠定了今后的山水园林、山水风景区、山水诗文、山水画四者的同步发展，互为影响和彼此浸润的基础。

山水诗画的发展，反过来更令文人士大夫陶醉于乡间山野的自然风光里。人们一方面通过寄情山水的实践活动取得与大自然的自我谐调，并对之倾诉纯真的感情。另一方面又结合理论的探讨去深化对自然美的认识，去发掘、感知自然风景构成的内在规律。于是，有关自然山水的艺术领域大为开拓。陶渊明描绘的那个超脱尘世的"世外桃源"，成了文人梦寐以求的理想境界。许多官僚士大夫不满足一时的游山玩水，也为避免付出长途跋涉的艰辛，达到"不出城廓，而享山林之美"之目的，通过"移天缩地"，将自然山水"搬"进自家庭院，于是江南出现了私家园林。同时，随着佛教的兴起，寺庙喜择深山水畔之地而建，出现了峰峦

隐映、岩壑深幽、峰石古朴的寺庙园林。

　　魏晋南北朝时期是中国古典园林发展史上的一个重要的转折阶段，这个时期园林的主要成就及其承先启后的意义主要表现在以下几个方面：

　　第一，在以自然美为核心的时代美学思潮的直接影响下，中国古典风景式园林由再现自然进而至于表现自然，由单纯地模仿自然山水进而适当地加以概括、提炼，抽象化、典型化，开始在如何本于自然而又高于自然方面有所探索。陶渊明辞官隐居，虽然贫穷，亦"三宿水滨，乐饮川界"。一般南渡士人"每至美日，辄相邀新亭，藉卉饮宴"。至于兰亭之修禊盛会，更传为千古韵事。北方士族文人王献之"初渡浙江，便有终焉之志"，号称三吴之一的会稽山水令他流连不已，因而发出这样的咏赞："从山阴道上行，山川自相映发，使人应接不暇。若秋冬之际，尤难为怀""大矣造化功，万殊莫不均；群籁虽参差，适我莫非新"。这些都是对大自然的景物有感而发的由衷讴歌，足以代表当时一般士人的思想感情，亦足以在一定程度上说明他们对自然美的鉴赏能力。诸如此类的情况，在秦汉时期的文学作品中是见所未见的。

第二，园林的狩猎、求仙、通神的功能已基本消失或者仅保留其象征的意义，游赏活动成为主导的甚至唯一的功能。游赏的内容主要是追求视觉景观的美的享受，虽然已有迹象表明通过景观美来激发人们的寓情于景的感受情况，但毕竟尚处在简单、粗浅的状态。

第三，私家园林作为一个独立的类型异军突起，集中地反映了这个时期造园活动的成就。北魏自武帝迁都洛阳后，大量的私家园林也随之经营起来。据《洛阳伽蓝记》记载："当时四海晏清，八荒率职……于是帝族王侯、外戚公主，擅山海之富、居川林之饶，争修园宅，互相竞争，崇门丰室、洞房连户，飞馆生风、重楼起雾。高台芸榭，家家而筑；花林曲池，园园而有，莫不桃李夏绿，竹柏冬青"。私家园林一开始就出现两种明显的倾向：一种是以贵族、官僚为代表的崇尚华丽、争奇斗富的倾向；另一种是以文人名士为代表的表现隐逸、追求山林泉石之怡性畅情的倾向，成为后世文人园林的先声。

第四，皇家园林的建设纳入都城的总体规划之中，大内御苑居于都城的中轴线上，成为城市中心区的一个有机的组成部分。寺观园林的出现开拓了造园活动的领域，对于风景名胜区的开发起着主导性的作用。从此以后，中国古典园林形成了私家、皇家、寺观三大类型并行发展的局面。

第五，建筑作为一个造园要素，与其他的自然要素取得了较为密切的协调关系。园林的规划由此前的粗放转变为较细致的、更自觉的设计经营，造园活动已完全升华到艺术创作的境界。所以说，到魏晋南北朝时期，中国古典园林的两大特点已形成，即本于自然但又高于自然和建筑美与自然美的融糅。此时，园林体系已略具雏形。它是秦汉园林发展的转折升华，也是后来的全面兴盛的伏脉，中国的风景式园林正是沿着这个脉络进入下一阶段的隋、唐全盛时期。

园林的繁荣

　　隋唐时期是中国封建社会繁荣兴旺的高潮，中国园林的发展相应地进入了全盛期。

　　隋唐时期结束了魏晋南北朝后期的战乱状态，推行均田制，限制农民的人身依附关系。在经济结构中消除庄园经济的主导地位，逐渐恢复地主小农经济。在政治结构中削弱门阀士族势力，维护中央集权，确立科举取士制度，强化官僚机构的严密统治。意识形态上儒、道、释共尊而以儒家为主，儒学重新获得正统地位。广大知识分子改变避世退隐、消极无为的态度，积极追求功名、干预世事，成为国家大一统局面的主要组织力量。政治的稳定，经济的繁荣，文化的兴盛等因素，使得这一时期造园之风大兴。

　　唐朝是山水园林全面发展时期。这一时期政治相对安定，文化上诗文、绘画等都呈现繁荣景象，建筑更得到大规模发展。山水画已脱离在壁画中作为背景处理的状态而趋于成熟，山水画家辈出，开始有工笔、写意之分。天宝中，唐玄宗命画家吴道子、李思训于兴庆宫大同殿各画嘉陵山水一幅。事毕，玄宗评曰："李思训数月之功，吴道子一日之迹，皆极其妙"。无论工笔或写意，既重客观物象的写生，又能注入主观的意念和感情。即所谓"外师造化，中得心源"，确立了中国山水画创作的准则。通过对自然界山水形象的观察、概括，再结合毛笔、绢素等工具而创为皴擦、泼墨等特殊技法。山水画家总结创作经验著为"画论"，山水诗、山水游记已成为两种重要的文学体裁，这些都表明人们对大自然山水风景的构景规律和自然美有了更深一层的把握和认识。

　　唐代已出现诗、画互渗的自觉追求，大诗人王维的诗作生动地描写山野、田园如画的自然风光，他的画也同样饶有诗意。宋代苏轼评论王维艺术创作的特点在于"诗中有画，画中有诗"。同时，山水画也开始影响造园艺术，诗人、画家直接参与造园活动，诗文、绘画、园林这三个艺术门类已有互相渗透的迹象，园林艺术开始有意识地融糅诗情、画意。

隋唐时期，传统的木构建筑在技术和艺术方面已经完全成熟，建筑物的造型丰富，形象多样。花木栽培的园艺技术也有很大进步，能够引种驯化，移栽异地花木。

在这样的历史、文化背景下，中国古典园林的发展相应地达到了全盛的局面。

隋唐园林在魏晋南北朝所奠定的风景式园林艺术的基础上，随着封建经济和文化的进一步发展而臻于全盛的局面。其全盛的表现主要为以下几个方面：

第一，皇家园林的"皇家气派"已经完全形成。它作为这个园林类型所独具的特征，不仅表现为园林规模的宏大，而且反映在园林总体的布置和局部的设计处理上面。皇家气派是皇家园林的内容、功能和艺术形象的综合而给人的一种整体的审美感受。它的形成，

与隋唐宫廷规制的完善、帝王园居活动的频繁和多样化有直接的关系，标志着以皇权为核心的集权政治的进一步巩固和封建经济、文化的繁荣。当时的皇家园林的宫殿楼宇更显雄伟气魄，宫廷御苑设计也愈发精致，特别是由于石雕工艺已经娴熟，宫殿建筑雕栏玉砌，格外显得华丽，苑中的山水布设更加灵活。因此，皇家园林在隋唐三大园林类型中的地位，比魏晋南北朝时期更为重要，出现了像西苑、华清宫、九成宫等一些具有划时代意义的作品。

第二，私家园林的艺术性较之上代又有所升华，着意于刻画园林景物的典型性格以及局部、小品的细致处理。诗文和绘画方面，诗人王维的诗作生动地描写山野、田园的自然风光，使读者悠然神往，他的画亦具有同样气质而饶有诗意。王维曾作《辋川别业》。他以诗人的激情、画家的机敏赋予"辋川别业"及其周边自然景观以人文色彩，从而使"辋川别业"脱去简单的自然山水的外表，成为一座根植于自然风景区里的"别墅园"。从中可以看出唐代已开始诗、画互渗的自觉追求。中唐以后，文人如王维、白居易、杜甫等均参与经营园林。从《辋川集》对辋川别业的描述看来，也有把诗、画情趣赋予园林山水景物的情况，因画成景、以诗入园的做法在唐代已见端倪。通过山水景物诱发游赏者的联想活动，意境的塑造亦已处于朦胧的状态。再者，儒家的现实生活情趣，道家的少私寡欲和神清气朗，新兴的佛家禅宗依靠自性而寻求解脱，此三者得以合流融汇于少数知识分子的造园思想之中，从而形成独特的园林景观。所有这些，都给一部分私家园林的创作注入了新鲜血液，成为宋、明文人园林兴盛的启蒙。

第三，寺观园林的普及是宗教世俗化的结果，同时也反过来促进了宗教和宗教建筑的进一步世俗化。城市寺观具有城市公共交往中心的作用，寺观园林亦相应地发挥了城市公共园林的职能。郊野寺观的园林（包括独立建置的小园、庭院绿化和外围的园林化环境）把寺观本身由宗教活动的场所转化为点缀风景的手段，吸引香客和游客，促进了原始型旅游的发展，也在一定程度上保护了生态环境。宗教建设与风景建筑在更高的层次上相结合，促成了风景名胜区尤其是山岳风景名胜区普遍开发的局面。

第四，山水画、山水诗文、山水园林这三门艺术已有互相渗透的迹象。中国古典园林的诗画情趣开始形成，"意境的蕴涵"也处在朦胧的状态。隋唐园林作为一个完整的园林体系则已经成型，并且在世界上崭露头角，影响着亚洲汉文化圈内的广大地域。当时的朝鲜、日本全面吸收盛唐文化，其中也包括园林在内。

隋唐园林不仅发扬了秦汉的大气磅礴的闳放风度，又在精致的艺术经营上取得了辉煌的成就。这个全盛局面继续发展到宋代，在两宋的特定历史条件和文化背景下，终于瓜熟蒂落，开始了中国古典园林的成熟时期。

风景式园林的成熟

从宋代到清代雍正年间是中国古典园林成熟时期的前期，成熟前期意味着风景式园林体系的内容和形式已经完全定型，造园艺术和技术已经基本上达到了最高的水平。在这个七百七十余年的漫长的历史过程中，由于改朝换代、政治经济形势的更迭变化，园林的发展当然也会有相应的起伏波折。若就宏观而言，它呈现为马鞍形的两个阶段，或者说两个高潮：两宋是第一个高潮，明中叶到清初是第二个高潮。

到宋朝，由于经济的发展，造园更加普遍，中国园林的造园艺术日趋成熟。从都城到地方，从帝王、贵族到平民，造园的规模得到扩大。作为一个园林体系，它的内容和形式均趋于定型，造园的技术和艺术达到了历来的最高水平。宋代经济的发展，带动了科学技术的长足进步，为园林的广泛兴造提供了技术保证，使园林的建筑、观赏花卉和树木的栽培技术、叠石技艺的水平得到空前的发展，用石材堆叠假山成为园林筑山的普遍方式。这些成为当时园林艺术水平成熟的标志。文人士大夫的造园活动也更为普遍，在园林中熔铸诗画意趣比唐代更为自觉，同时也开始重视园林意境的营造。山水画、山水园林互相渗透的密切关系，到宋代已经完全确立。

在都城汴梁，帝王园林就有几处，其中最著名的就是宋徽宗时所建造的艮岳。为了建造这座园林，江苏苏州（古称平江府）专门设立机构，负责搜集南方的名花奇石，凡发现民间有一石一木可用者，破墙拆屋强夺运往汴梁，当时运输花石的船只成群结队，被称为"花石纲"，引起极大民愤。艮岳园内掘池堆山，由过去的土堆山转向石堆山，依照自然山的屏峰、峰岫、石壁、瀑布、溪谷而营造，有的还做出山间的磴道，山壁的栈道，仿蜀道之难，还由各地引栽名贵花木，极力想在艮岳中表现出山谷大川之景观。除皇家园林外，当时汴梁城内外,大臣贵族的私园也不下一二百处。连一些酒楼茶肆,为了招揽买卖,也在店内设置园林,建亭榭、开池沼、设画舫,让宾客在船上饮酒作乐。大规模的造园活动,造就了一批堆石造山的名匠。植物栽培技术也得到发展,在河南洛阳,采用驯化、嫁接技术所栽种的花木多达千种,光牡丹、芍药花的品种就有百余种之多,连南方名花如茉莉、山茶、紫兰花都能在这里落户生长,使洛阳成了当时有名的花都。

两宋园林作为成熟前期的第一个高潮阶段,总结了上代的成就,开启了后世之先河。公元1271年,蒙古族的元王朝灭金、宋,统一全中国,建都大都(今北京)。公元1368年,明王朝灭元建都南京,永乐十九年(公元1421年)迁都北京。公元1644年,明朝灭亡,为满族的清王朝所取代。元代蒙古族政权不到一百年的短暂统治,民族矛盾尖锐,明初战乱甫定,经济有待复苏,造园活动基本上处于迟滞的低潮状态。明永乐以后才逐渐进入成熟前期园林发展的第二个高潮阶段,直到清初的康熙、雍正年间。

从北宋到清雍正朝的七百多年间,中国古典园林继唐代全盛之后,持续发展而臻于完全成熟的境地。这是中国园林史上极其重要的一个时期。

这一时期,私家、皇家、寺观三大园林类型都已完全具备中国风景式园林的四个主要的特点。也就是说,这四个特点到了成熟前期已经全面、明确地在造园艺术上体现出来了。文人园林经唐代的启蒙,兴起于两宋,大盛于明代和清初。作为一种园林风格,它的四个特点正是中国风景式园林的四个主要特点在某些方面的外延。文人园林的兴起和臻于极盛,成为中国古典园林达到成熟境地的标志。

园林的创作逐渐转向写意化,北宋大体上仍然沿袭隋唐的写实与写意相结合的传统,南宋文人画出现于画坛,导致人们的审美观倾向写意的画风，这种审美观也必然会浸润于园林创作尤其是文人园林的创作。再加上诸如"小中见大""须弥芥子""壶中天地"之类的美学观念的影响，对写意园林的兴起也有一定的促进作用。元、明文人画盛极一时，几成独霸画坛之势，影响及于园林而相应地促成了写意创作的主导地位。同时，精湛的叠石技艺，造园普遍使用叠石假山，也为写意山水园的发展创设了更有利的技术条件。

在第一个高潮阶段，皇家园林出现了接近私家园林的倾向。这种倾向从侧面反映出两宋封建政治一定程度的开明性，以及文化政策的宽容性。第二阶段内皇家园林虽然大力汲取民间的造园技艺，但却更突出皇家气派。这种倾向在一定程度上反映了明以后绝对君权的集权政治的日益发展，为下一个时期——成熟后期的皇家园林建设高潮的兴起准备了条件。

士流园林在这一阶段全面"文人化"。文人园林作为一种风格几乎涵盖私家的造园活动，导致私家园林在第二阶段内达到了它所取得的艺术成就的高峰，江南园林便是这个高峰的代表。由于封建社会内部资本主义因素的成长，工商业繁荣，市民文化勃兴，市民园林亦随之兴盛起来。它作为一种社会力量浸润于私家造园艺术，又出现文人园林的多种变体，民间造园活动广泛普及，结合各地的人文条件和自然条件而产生各种地方风格的乡土园林，这些又导致民间的私家园林呈现出前所未有的百花争艳的局面。

这一时期，佛教禅宗兴盛，禅宗与儒学结合，文人禅悦之风，僧道的文人化等因素促成了寺观园林由世俗化进一步地文人化，文人园林的风格涵盖了绝大部分寺观的造园活动。同时，寺观园林更多地发挥其城市公共园林的职能，对于全国范围内的风景名胜区尤其是山岳风景名胜区的再度开发也起到了积极的作用。

明末清初，在经济文化发达、民间造园活动频繁的江南地区，涌现了一大批杰出的造园家。他们有的出身于文人阶层，有的出身于叠山工匠。而文人则更广泛地参与造园，个别的甚至成为专业的造园家。民间的造园经验不断积累，再由文人或文人出身的造园家总结为理论著作刊行于世。这些情况都是前所未有的，是人的价值观念改变的结果，同时也是江南民间造园艺术成就达到高峰的另一个标志。造园家的涌现，造园匠师社会地位的提高，也有助于园林创作的个人风格的成长。这在园林叠山的技艺方面表现尤为明显。如李渔倡导的土石山与流俗的石山相抗衡；张南垣、计成创造所谓"陵阜陂陀，平岗小坂"（即模拟真山的片段或截取大山一角的做法）与传统的缩移与仿真山全貌的做法相抗衡等等。因而一时叠山流派纷呈、各臻其妙，大大地丰富了造园艺术的内容，形成了园林创作活泼生动的局面。

宋代随着佛教禅宗传入日本，中国的造园艺术继唐代以后再度影响日本，促成了盛极一时的禅宗园林，如书院造庭园、枯山水以及茶庭等的相继兴起。明末清初，明代遗臣和江南的文人学者东渡，通过这些文人，日本幕府时期盛行的回游式庭园也受到江南私家园林的一定程度的影响。

园林的终结

园林的成熟后期从清乾隆朝到宣统朝不过一百七十余年，就时间而言比以往四个时期都短，却是中国古典园林发展历史上的集大成的终结阶段。它显示了中国古典园林的辉煌成就，同时也暴露出这个园林体系的衰落情况。如果说，成熟前期的园林仍然保持着一种向上的、进取的发展倾向，那么成熟后期则呈现为逐渐停滞的、盛极而衰的趋势。

这一时期的封建文化虽然沿袭宋、明传统，但已失去了能动、进取的精神。反映在文学艺术上，一是守成多于创新，二是过分受到市民趣味的浸润而愈来愈表现为追求纤巧琐细。在园林方面，乾隆、嘉庆两朝的造园活动之广泛、造园技艺之精湛可以说达到了宋、明以来的最高水平。北方的皇家园林和江南的私家园林同为中国后期园林发展史上的两个高峰，同时也开始逐渐暴露出其过分拘泥于形式和技巧的消极的一面。乾、嘉的园林作为中国古典园林的最后一个繁荣时期，既承袭了过去的全部辉煌成就，也预示着末世园林艺术的衰落迹象的到来。

　　道光、咸丰之际，西方殖民主义的侵略激化了尖锐的阶级矛盾和深刻的社会危机。从此中国古老的封建社会由盛而衰，终于一蹶不振。到清末中国已完全沦为半封建半殖民地社会了。传统的封建文化已是强弩之末，面临着西方文明的冲击犹作困兽之斗，因而出现了文化发展上的种种复杂、混乱乃至畸形的状态。源远流长的中国古典园林体系尽管呈现末世的衰颓，但由于其根深叶茂，仍然持续发展了相当长的一段时间。

　　同治以后，皇家尽管财力枯竭，亦未停止修建园苑。封建地主阶级中的大军阀，大官僚的新兴势力以及满蒙王公贵族，利用镇压农民革命所取得的权势而进行疯狂掠夺和大量兼并土地，在江南、北方、湖广等地掀起一个兴建巨大华丽邸宅的建筑潮流。这股潮流也扩张到大地主、大商人阶层中，一直延续到清末的光、宣年间。然而园林只不过维持着传统的外在形式，作为艺术创作的内在生命力已经是愈来愈微弱了。

　　这一时期是中国古典园林全部发展历史的一个终结时期，它继承了上代的传统，取得了辉煌的成就，同时也暴露出封建文化"烂熟"的情况，反映了末世的衰颓迹象。这个时期的园林实物大量地完整保留下来，大多数都经过修整开放作为群众游览的场所。因此，一般人所了解的"中国古典园林"，其实就是成熟后期的中国园林。

　　这一时期，皇家园林经历了大起大落的波折。乾、嘉两朝，无论其建设的规模或者艺术的造诣都达到了后期历史上的高峰境地。大型园林的总体规划、设计有许多创新，全面地引进江南民间的造园技艺，形成南北园林艺术的大融糅，为宫廷造园注入了新鲜血液，因而出现一些具有里程碑性质的、优秀的大型园林作品。然而，随着封建社会的由盛而衰，经过外国侵略军的焚掠之后，皇室再没有这样的气魄来营建苑囿，宫廷造园艺术也一蹶不振，从高峰跌落为低潮。皇帝作为国家的最高统治者，所私有的皇家园林必然最突出地反映了中国近代历史的盛衰消长的急剧变化过程。

然而，这时期的私家园林却一直沿袭上代的高峰水平，形成江南、北方、岭南三大地方风格鼎峙的局面，其他地区的园林受到三大风格的影响，又出现各种亚风格。这许许多多的地方风格都能够结合于各地的人文条件和自然条件，具有浓郁的乡土气息，蔚为百花争艳的大观。在汉民族和受汉文化影响的地区，文人园林风格虽然更广泛地涵盖私家造园活动，但它的特点却逐渐消溶于流俗之中。

这一时期的最大特点就是国际国内形势的变化，在这一变化过程中，中、西园林文化开始有所交流。乾隆年间任命供职内廷如意馆的欧洲籍传教士主持修造圆明园内的西洋楼，西方的造园艺术首次引进中国宫苑。也就在这个时期，中国园林通过来华商人和传教士的介绍而远播欧洲，在当时欧洲宫廷和贵族中掀起一股"中国热"，深得某些造园家的推崇。首先在英国，中国古代园林艺术促进了英国后期风景式园林的发展，形成独特的"英中式"风格。再从英国传播到欧洲大陆，风靡于法国和德国，成为冲击当时流行于欧陆的规整式园林的一股潮流。

第三章 皇家园林帝王的享乐

古代园林建筑之精华

在中国园林建筑的体系中，形成了皇家园林、私家园林和寺观园林三大类型，其中皇家园林无论是从外观的皇家气势还是内在的精致设计都要高出许多。皇家园林是中国古代园林建筑的精华，也最能反映出建筑的高超水平。

皇家园林是专供帝王享乐的地方，是归属于皇帝个人和皇室所有，它是在皇帝王权的出现后才形成的，是依据封建社会的最高社会地位和权力建造的。古书里记载的苑、苑囿、宫苑、御苑和御园都是现在所称的"皇家园林"。

据文献记载，早在商周时期，中国人就已经开始利用自然的山泽、水泉、树木、鸟兽进行初期的造园活动。当时主要是划地圈围，养殖野生动物、种植蔬菜与果树。周文王的"灵台""灵囿"是有文字记载的最早的园林。它有高台、池沼，风物宜人，方圆70里，百姓也可以去樵采狩猎，足见是非常自然的景观。

春秋时期，皇家园林的营建渐趋豪华，如吴王夫差建姑苏台、梧桐园、天池、桑梓园等，开江南造园风气之先。战国时期各国更是"高宫室，大苑囿，以明得意"。北方燕、赵等国古都遗址中，宫苑部很大，其中建筑物星罗棋布，燕下都宫苑里竟有台基30余座，气魄宏大。

秦始皇统一全国后，在都城咸阳大建宫室，并于渭水之阳作上林苑，以阿房宫为中心建造了许多离宫别馆。

西汉王朝的建立使皇家园林的建筑不断完善。汉武帝在位时，社会经济、政治的繁荣促进了文化艺术等多方面的发展，园林建筑也开始注重功能的多样和内容的丰富。汉武帝对秦朝的上林苑进行了扩建，使之纵横300余里，覆盖五县。据《关中记》记载，汉"上林苑门十二，中有苑三十六，宫十二，观二十五"。苑中奇花异木多达2000余种，其中有不少来自南方和西域。苑中还饲养了多种珍禽异兽，包括用于观赏的鱼、鸟、白鹿和大象等。苑中山林，南有终南山，北有九峻山，其间更"聚土为山"，构成"十里九坡"

的地形和地势。除八条流经苑内的天然河道外，还开凿了许多不同规模的水面，其中以昆明池和太液池最为有名。因汉武帝相信神仙之说，便引渭水为太液池，以池为中心建筑假山，分别设蓬莱、方丈、瀛洲，象征东海三仙山，这种"一池三山"的建园布局一直沿用到清代，成为历代王朝建造王室宫苑的一种模式。总的来说，这一时期的皇家园林不仅面积很大，而且越来越注重园林的功能建设。

　　隋炀帝即位后迁都洛阳，在附近兴建了大量宫苑，其中最著名的有西苑。西苑虽沿袭了海中三山的传统，但山、海的景观及组合方式比秦汉时期更为丰富。园内分为山海区、渠院区、无水宫室区、山景区等几大部分。每一景区都自成体系，同时又与其他景区相互映带。水系里分布有16座宫苑，到处种着奇花异草。

　　唐代长安的禁苑、大明宫太液池、兴庆宫龙池、芙蓉园和东都洛阳的神都苑，以及临潼骊山华清池等，它们的规模虽远不及秦汉宫苑特有的恢弘气势，但在内涵和性质上并无多大差异。规模的缩小，恰恰说明唐代宫苑跟私家园林一样，注意造园要素的典型化，注意山、水、花、木的"比兴"和"隐喻"，完全脱离了简单模仿自然的初始形态。即便是自然山水园，也被赋予深层的寓意。唐代的大明宫、太极宫和兴庆宫，都是宫和苑相结合的建筑群。隋唐时期的皇家园林已走向多样化，总体上已形成大内御苑、行宫御苑、离宫御苑这三种类型。在建筑上不仅表现出外观的气派，而且更注重园林内部的布局设计。

宋代时期，中国的建筑艺术在唐朝繁荣景象的基础上继续发展，各方面都有了较大的进步，尤其是文化的发展极大地影响了皇家园林的建造，更接近于大自然山水画的风格。园林的单体建筑形式统一，造型丰富多样。木构建筑技术在这一时期达到了高峰，并形成以院落为基本模式的建筑群体。这一时期的皇家园林在继唐全盛之后，在规模和气派上虽不能和唐代皇室相比，但内容和形式却日渐稳定，同时江南民间的私家园林在这一时期有了极大的发展，皇家园林的建设也更加接近私家园林的风格。据有关文献记载，北宋时期，仅汴京城内和近郊的皇家园林就有琼林苑、金明池、玉津园和撷芳园等八九处。宋徽宗时更倾尽全国财力在旧城东北部兴建艮岳。艮岳是皇家园林成熟期的标志，是中国古代园林具有时代意义的经典之作。园林西北角引水为"曲江"，仿唐朝建有曲江池，池中筑岛，岛上按传统设有蓬莱堂。宋徽宗亲自参与建园工作。在周详的规划设计后，从全国各地选取优质的千姿百态的奇石来陈设和造山。园内形成完整的水系。亭阁楼观和园内植物的品种很多，构成了具有浓郁的诗情画意的人工山水园。不过，北宋的皇家园林更趋小型化，这跟当时审美情趣的偏于细腻、婉约有关。金灭宋后，艮岳被毁，园林中的山石被运入北京，营建大宁宫（今北海）。北宋以后，金、元、明、清各代建都北京，因此北京的皇家园林盛况空前。

明代皇家园林仍以山、池为主，并有所发展。当时把北京的太液池向南扩展，形成了北海、中海、南海一贯的水域；同时在三海沿岸和池中岛上增建殿宇，与紫禁城（现故宫）构成宫苑相连的布局。

清代继续兴建皇家园林，营建了以圆明园为主的海淀三山五园（三山指香山，玉泉山和万寿山。这三座山上分别有静宜园、静明园、颐和园，再加上畅春园和圆明园，就是五园）和河北承德的避暑山庄。明清时期的皇家园林主要集中在华北，其特点是规模宏大，气势磅礴，以真山真水为造园要素；风格侧重富丽华彩，一派皇家气象。

清代是中国皇家园林的又一个高潮期,历代各朝的建筑技术和艺术在这里得到了统一和升华,同时中国皇家园林艺术的发展也就此进入尾声。

气势森严的高贵

从秦朝统一中国到清朝灭亡的整个封建社会进程中的大多数时期,国家实行了统一治理。中央集权的封建帝国、封建社会和等级制度形成了一个等级森严的社会体制,严密的封建礼法和森严的等级制度构筑成一个统治权力的金字塔,皇帝居于这个金字塔的顶峰。所以有关皇帝的一切建筑都是等级最高的形式。皇家园林也不例外,尽管皇家园林是模拟山水风景的,但也要在不悖于风景式造景原则的情况下尽量显示皇家的气派,利用总体的规模和外观的气势来显示皇权的高贵。

皇家园林在历史的发展过程中不断受到当时社会所流行的文化、艺术思潮的影响,在注重建筑美的同时也追求和自然美的统一融合。魏晋南北朝时期，受当时文人艺术的熏陶，皇家园林的建造也开始注重自然山水的情趣。隋唐时期是皇家园林建设的成熟期。这一时期的园林建设规模和建筑技术都达到了一个高潮，在艺术设计方面也达到了前所未有的水平，园林的建造风格也逐渐成形，开始向诗画情趣发展。而到了宋代，皇家园林的造园风格已经很成熟，形成了自然山水意境的风景式园林。清代的皇家园林建设也经过了发展、鼎盛和衰落三个时期。康、乾鼎盛时期的园林建筑最具有代表性，精益求精的造园艺术结合大规模的园林建设，使得皇家园林的宏大气势和华丽变得更加明显。

大多数皇家园林建在郊外风景优美、环境幽静的地方，其特点包括：

规模宏大。皇家园林独具壮观的总体规划，规模宏大，气势磅礴，以展示"普天之下莫非王土"之气势。如周文王的灵囿，方圆70里；秦汉的上林苑方圆达300余里；北京的颐和园占地面积290公顷；规模最大的皇家园林是河北承德避暑山庄，占地564公顷。皇家园林是专供帝王享乐的地方，皇帝能够利用政治上的特权和经济上的富厚财力，占据大片的土地营造园林，供一己享用，因此皇家园林的规模之大远非私家园林可比拟。历史上的每个朝代几乎都有皇家园林的建置，它们不仅是庞大的艺术创作，也是一项耗资甚巨的土木工事。因此，皇家园林数量的多寡、规模的大小，也在一定程度上反映了一个朝代国力的盛衰。

真山真水。由于皇家园林的规模宏大，所以大多根据天然的山水依势而建，能够因地置景，造出各有特色的景观。如圆明园利用西山泉水，造出一系列水上景致，颐和园则以万寿山与昆明湖映照相生为主景，再如避暑山庄是以河西走廊的山林景色为其特征的。

建筑富丽堂皇。在等级森严的封建社会里，皇家园林享受着最高的建筑级别，红墙黄瓦，雕梁画栋，色彩鲜艳。如在颐和园的万寿山上，自下而上有云辉玉宇、排云门、排云殿、佛香阁、智慧海等建筑。以佛香阁为中心，从昆明湖到万寿山的南北中轴线上，远远望去，金碧辉煌，光彩夺目，显示出皇家园林的气魄。

建筑体最高大。皇家园林风格雍容华贵，体现了皇权的至高无上。如万寿山的佛香阁，高达41米，建在高20米的石砌台基之上，整个建筑高出万寿山山顶，气势高大雄伟，是全园的中心和制高点以及标志性建筑，也是全国现存最高的楼阁；颐和园中昆明湖东的十七孔桥，长150米，宽8米，是北京古桥中最大的一座。如此宏大壮观的建筑也只能在皇家园林中见到。

皇家园林占据整个古典园林建筑的历史舞台，这与它精湛的造园技术和独特的艺术风格是密不可分的。人们的智慧和才能在这里得到了充分的体现，遐想与创造得到了完美的发挥。

"万园之园"——圆明园

八百多年前，北京西郊一带，风景幽静秀丽，山峰起伏，连绵不断，潺潺的泉流汇成著名的昆明湖。历代在北京建都的皇帝都看中了这个地方，有的皇帝在这里建行宫别墅，有的皇帝在这里修花园。清朝皇帝雍正继位后，正式把这一带定为夏宫所在，扩建了避暑宫殿。到了乾隆皇帝时，他集中全国的能工巧匠，花了数以万计的金银，前后共经过一百五十多年时间，终于建成了圆明园。

位于北京西郊的圆明园遗址，曾经有过辉煌的昨天，曾经有过令世人为之倾倒的壮美景观。在它鼎盛的时候，湖光山色、亭台楼阁、花鸟鱼虫、风和景明，自然风光和人文景观完美地结合在一起，美妙绝伦。圆明园是中国古代集园林和中西建筑精粹于一身的建筑典范，也是中国古代园林建筑发展到最高峰时的产物。

圆明园的外围总长度为20华里，总面积5200余亩，比现存的

最大皇家园林——颐和园还大850亩。它是清代建设的规模最大、景点最多、陈设最为富丽堂皇的皇家宫苑，有"万园之园"之称。

圆明园始建于康熙四十八年（公元1709年），赐予皇四子胤禛，作为他的府第。当时圆明园规模尚小，但有些园景已初具规模，如牡丹台（后更名为镂月开云）。雍正继位后，设置了专门的官员对圆明园进行管理，并从公元1725年起对圆明园进行了大规模的修建，还令人将江南名园绘制成图，带回北京，仿制于园中。到了乾隆时期，人们开始对圆明园进行大规模修建。乾隆在位的60年中，圆明园几乎没有一天不在修建。特别是长春园内的西洋楼的修建，更是建筑史上的一大奇观。乾隆十年（公元1745年），由外国传教士朗士宁（意大利）、蒋友仁（法国）制图，由中国工匠施工，在园中建了几座洋楼，分别起名为"远瀛观""海宴堂""方外观""养雀笼""奇趣"，中西建筑各显风姿，又珠联璧合。圆明三园（即圆明、长春、万春三园）中除圆明园外，其他二园皆成于乾隆时期，而且规模日趋宏大，达到了圆明园的全盛时期。乾隆以后，建园工

程也并未停顿，仍在不断地进行着，道光帝即位后续建，直到1860年被英法联军烧毁。

圆明园从开始兴建到被焚毁前后共经过了151年的经营，在这个过程中清统治者花费了难以计数的财力、物力和人力。圆明园的修建共花多少银子已难计算，仅据道光年间圆明园岁修（指每年有计划地对各种建筑工程进行的维修和养护工作）需10万两来计算，151年岁修费达1500余万两，而且康乾盛世时期修补费要远远超出道光年间的修补费。而且这其中还没有计入新建和翻修所需银两。同时在园内还珍藏着许多中外古今的孤本秘籍、名人字画、鼎彝札器、金珠珍品、铜瓷古玩。因此，它的价值是无法用具体的数字来估计的。

圆明园由三个园组成，除了圆明园外，还有万春园、长春园，因此也叫圆明三园。圆明园是三园之中占地面积最大、景物最多的一园，园名由康熙命名，殿额也是康熙亲笔所题。雍正在《圆明园记》中这样来解释圆明的涵义：圆明意志深远，殊未易窥，尝稽古籍之言，体认圆明之德。夫圆而入神，君子之时中也；明而普照，达人之睿智也。

三园的建筑从整体布局来看基本上是建在由水道、湖泊和水塘连成的水网上面，园内溪流纵横、大小湖泊星罗棋布，弯弯曲曲的河流像蛛网一样。若驾着小船沿着水路行驶，可以游遍园内大小每个景区。开挖水系的土方被堆成了台地和小山，上面建有亭子；山谷地带则是庭院和花园，其中还点缀着假山、太湖石和奇花异草以及郁郁葱葱的林木。

圆明园内有著名的"正大光明"等40余景。乾隆九年（公元1744年），依照热河避暑山庄36景四个字的题额之例，以四个字为一组题圆明园景40个，并在每一景内附上"乾隆御赋诗"一首。另外在这著名的40景之外还有藻园、文源阁、舍卫城、三潭印月、紫碧山房、断桥残雪等著名景致。圆明园内有门18座，水闸3个。水发源于玉泉山，由西马厂流入西南进水闸，再分散于园内各处成为大大小小的湖泊，再由湖泊经明春门北的五孔出水闸流出园墙，最后经长春园的七孔出水闸，流入东边的清河。圆明园主要分成三个景区，西部景区、福海景区和北部狭长风景带。西部景区是园内面积最大、建筑群最集中的地方。这一区南起大宫门，北到多稼如

云（圆明园建筑景观），共有建筑群 30 余处。福海景区的福海是圆明园内最大的一个湖，面积达 26 万多平方米，稍小于颐和园中的昆明湖，10 个小岛环列于"海"岸。整个福海的形状是内方外圆形，类似古时的圆形方孔钱。福海的建筑主要取材于神仙传说，特别是海中央的"蓬岛瑶台"，更似仙境一般。靠圆明园北墙自西向东有一个狭长的风景带，主要景致有紫碧山房、断桥残雪、鱼跃鸢飞、北远山村等。

　　从圆明园的福海继续向东走，过圆明园的明春门就是长春园。长春园有景点 30 多处，是座中西合璧的园林。主体建筑为淳化轩，左右廊的廊壁嵌有《重刻淳化阁帖》144 块。其他景有海岳开襟、狮子林、如园、西洋楼等。长春园成园时间大致在 1751 年，是乾隆在扩建圆明园的同时进行修建的。乾隆曾表示归政后要在这里"颐养"。长春园的命名有两层含义：其一是乾隆当太子时，被赐居于明园内的"长春仙馆"，并赐名"长春居士"。因此，乾隆继位以后，就常以"长春"二字命名书屋、宫苑。其二是"长春"乃永远不老、永远年轻之意，这也是历朝历代皇帝所向往的。

万春园（同治以前叫绮春园）是三园之中面积最小的，也是成园时间最晚的。嘉庆以前绮春园主要还是清帝园居活动的场所，道光元年（公元1821年）迎孝和太后及诸太妃们入园，从此万春园便成为奉养太后太妃们的场所。同治年间，慈禧重修圆明园时，也想将此园恢复旧观作为自己的居所。由于万春园是由一些小园合并而成的，因此没有一个统一的规划和布局，小园之间有围墙相隔，各自独立。但各园之间又因河渠湖泊相连成一个整体。全园有大小景50余处，建筑群约30处，分成三个景区。东部景区主要有两大块，一块是宫门区建筑群，一块是建筑群北部的一个宽阔的湖面，湖中央有著名的凤麟洲，西岸是仙人承露台。中部景区是园中最大的一区，这一区水域面积比较大，在大小不同的水面岛上建有几组建筑，比较著名的有春泽斋、生冬室、庄严法界、展诗应律、卧云轩、四宜书屋、澄心堂、鉴碧亭、正觉寺等。西部风景区是后并入绮春园的，主要景致有含辉园、清夏堂、绿满轩、畅和堂等。

圆明园内不仅有雄伟、庄严的殿堂，也有玲珑轻巧的楼阁亭台、

曲径回廊。园内的风景更是数不胜数，光是著名的风景就有一百多个，每一组景的建筑中又包括楼、阁、轩榭。单是长春园的"狮子村"一景，就包括十六景，每一景又有无数千变万化的幽美、壮丽的建筑。同时，园中的景物建筑还有象征热闹街市的"买卖街"，象征农村景色的"山村"。这些景物有很多是仿照各地的名胜古迹修建的。如果漫步园中，犹如游历神州的天南地北。园中还有许多景物是仿古代名家诗人的诗情画意建造的，如武陵春色、仙山琼阁等。除此之外，园中还有发源于玉泉山的潺潺泉水和位于全园中心的"福海"。"福海"中央有三个小岛，中心建有"蓬岛瑶台"。如果置身其中，犹如步入幻境一般。从雍正皇帝开始，到后来的乾隆一直到咸丰，他们每年大部分时间都住在这里。康熙和雍正皇帝还为圆明园的匾额和园内的十四处景物亲笔提了字。

　　圆明园被誉为"万园之园"。它不仅在建筑艺术上是世界园林的典范，它豪华的室内装修，讲究的陈设，园中数以万计的艺术珍品、历史文物等也为世界所惊叹。但是这样的一座园林建筑中的奇珍，

却在第二次鸦片战争中遭到了英法联军的疯狂抢掠,被彻底的毁坏。宏伟的建筑、瑰丽的园林及其珍藏的金银珠宝都荡然无存了,更让人惋惜的是这里珍藏的大量历史文物至今仍流落在国外。1900年八国联军入侵北京,已是断壁残垣的圆明园再遭劫掠,同治、光绪年间的陈设被洗劫一空,这群强盗在圆明园及京城里肆意毁损,抢劫财物不知其数。之后,附近的贪官、兵痞、流民长期进入园中拆毁、盗卖石料,把树木烧炭出售,使圆明园彻底成为一座荒园,留下一片残骸。

避暑山庄：最大的行宫

清代帝王除了在北京大造园林以外,还在承德地区兴建了避暑的行宫。避暑山庄规模宏大,占地面积约564万平方米,相当于北京颐和园的两倍,比北海公园大8倍,比承德市区还多200多万平方米,是中国现存的最大的帝王行宫。1994年被收入《世界遗产名录》。

避暑山庄有一百余处各式风格园林建筑,其特色在于山水相依,野趣横生,园中有园,胜景荟萃,兼具南秀北雄之美。群山环绕的

避暑山庄以奇、秀、险突出了园林的景观，成为皇家囿苑中的一处自然山水园林。行宫区殿宇林立，气势庄重。湖光山色，峰峦叠嶂，绵延的群山巍峨盘踞，湖中岛屿玲珑精致，气势恢宏的园林胜景是皇家重要的造园艺术珍品，也是今天人们享受山林野趣的好去处。

避暑山庄于1703年开始修建，当时，遍历天下美景的康熙皇帝到热河下皇庄踏勘了山川形势。他纵马至武烈河畔，见岸柳成荫，碧水清澈，热河泉水雾弥漾，绿草如茵，麋鹿成群，骏马漫步于平缓舒展的天然牧场上，顿感心旷神怡。康熙皇帝当即决定兴建热河行宫（即避暑山庄），并亲自设计指挥营建。避暑山庄的修建前后用了90年才完全建成。承德是避暑山庄所在地，当地的砂砾岩在地壳的升降中，被天工雕琢，形成了千姿百态、气势雄伟、形态奇异的景象，享有"紫塞明珠"之誉。康熙在这里设置围场以训练满蒙八旗军，并在北京到围场途中修建20多座行宫，其中避暑山庄是规模最大、地位最重要的一处。从历史方面来看，避暑山庄的兴建，对巩固国内统一、维护领土完整起到了一定的作用。皇帝年年都来此避暑，处理政务，接待大臣使者，因此，从康熙至乾隆年间，避暑山庄成为清政府在京都以外的重要政治中心。

山庄内的建筑不用雕梁画栋、飞檐斗拱，一律采用青砖、灰瓦和木柱，就连"澹泊敬诚殿"也没有设造高台阶，楠木梁柱和镂空雕花屏风均不施彩绘。整个避暑山庄以朴素淡雅的山村野趣为基调，取自然山水的本色，兼有江南和塞北的园林之美。追求朴素淡雅却又不失皇家建筑规整、庄重、肃穆的格局，是山庄建筑的一个显著特点。长10公里，高3—6米的长城式虎皮墙围绕着这座规模宏大的皇家园林。山庄内原有亭、台、楼、阁、庙、塔、廊、桥等建筑120多处，它们与山、水、泉、林、花、草、鸟、兽融为一体，构成了一幅幅景色绮丽的风景画。清代的康熙、乾隆皇帝分别于1711年和1754年将其中72处优美的风景点加以命名，这就是闻名遐迩

的山庄72景。

　　山庄共分宫殿区和苑景区两大部分。宫殿区位于山庄东南部，由正宫、松鹤斋、万壑松风和东宫四组建筑构成，是清帝在驻跸期间处理朝政、举行庆典、接见外国使节和帝后居住的地方。正宫共有九重院落，高敞而严谨，中心建筑是"澹泊敬诚殿""四知书屋"和"万岁照房"。后面是皇帝的寝宫，中心建筑是"烟波致爽殿"，嘉庆皇帝和咸丰皇帝先后病死在这个殿堂里。"烟波致爽殿"外观朴素，内里极其奢华。慈禧太后与恭亲王奕䜣在此策划了"北京政变"，实现了那拉氏梦寐以求的垂帘听政、篡夺清王朝最高权力的野心。宫殿区内的正宫大殿名澹泊敬诚殿，因全用楠木，又叫楠木殿。每当夏季，殿内楠木会散发出浓郁的香气。宫殿周围回廊曲折，使庭院显得分外清旷、幽深。正宫后面的烟波致爽殿，是清帝的寝宫，后有一座二层楼，可登临俯瞰群峰朝岚夕霭。宫殿区北部有一组建筑，主殿名"万壑松风"，是清帝读书、批阅奏章和接见官员的地方。东部的一组宫殿中有勤政殿，是清帝处理朝政的别殿。另有一座清音阁，与紫禁城里的畅音阁和颐和园里的德和园大戏楼并列为清代宫廷三大戏台。

苑景区可分为湖泊区、平原区和山峦区三部分。湖泊区在宫殿区以北，约占山庄总面积的十七分之一，是重点风景区。这里洲岛错落，长堤逶迤，垂柳依岸，荷花争艳，一派江南水乡风光。错落其间的建筑，大都仿江南名胜修建。洲北的青莲岛上有一座烟雨楼，是仿照浙江嘉兴南湖中的烟雨楼建成的。洲东侧湖中有一座用石砌筑的假山，仿照镇江金山寺的意境而建，也名"金山"，上有殿阁，俗称"金山亭"，是湖区的制高点。金山亭与烟雨楼同为避暑山庄有代表性的风景点。除此之外，还有芝径云堤、水心榭、月色江声、如意洲等，均具江南名胜特点。

平原区在湖泊区的北部，面积约60万平方米。这里平坦开阔，绿草如茵，一派北国草原气象。高达67米的永佑寺塔巍然屹立在东北角；西部沿湖区的旷野是清朝皇帝进行木兰秋狝前选马试箭的试马埭；中部则是古木参天的万树园，它是平原区的主要风景点，园内没有建筑，只是按蒙古习俗设置蒙古包和活动房屋，在宽敞明亮的蒙古包里，乾隆皇帝还曾款待过少数民族首领和外国使节。乾隆皇帝常在平原区举行野宴、摔跤、马技、歌舞、杂耍等活动。平原区西部建有清幽雅静的皇家藏书楼——文津阁。文津阁是皇家七大藏书楼之一，与北京故宫的文渊阁、圆明园的文源阁、沈阳故宫的文溯阁合称"内廷四阁"，

又称"北四阁"。

山庄的西部和北部,约占山庄总面积的五分之四,自北往南有松云峡、梨树峪、松林峪、榛子峪等五条主要沟峪。这里峰峦叠秀,沟壑幽邃,林木葱郁,溪流奔泻,景色迷人。红墙黄瓦的亭阁轩斋掩映在万绿丛中,使自然山色更加绚丽多姿。山峦区最著名的景点是梨树峪,因种有万树梨花而得名。每到春季,花香袭人,花色如雪。此外,山庄东边的棒锤山上,有一巨大的石棒锤斜立,顶宽下窄,为承德一大奇观。芳园居的山岭上有"锤锋落照"亭,当太阳快要落进西山时,攀到"锤峰落照"亭上,东望庄外的棒锤山,感到它如在近前,远近错落、金碧辉煌的"外八庙"似乎也移进了庄里。

总之,避暑山庄将人工美和自然美融为一体。康熙和乾隆经常来此巡幸,接待漠北、漠南、青海、新疆的蒙古族、维吾尔族、哈萨克族和西藏、四川等地的苗族、藏族以及台湾高山族等少数民族上层人士。邻国的使节也来避暑山庄觐见皇帝。避暑山庄在建筑上善于借用庄外之景,这使它显得更加无边无垠。

避暑山庄的艺术特色，总体来说是风景奇丽、熔山水与古建筑于一炉，并具南秀北雄之美。山庄虽以山为名，而盎然的意趣实在水，山庄湖区的开筑不砌石叠岸，以求野趣横生的自然之美。仿建江南园林，求其神似，取其神韵。湖面山影绰约，菰蒲无涯，荷香四溢，长堤隐掩，水榭入画，松云之间，山峦起伏。环视四野，心旷神怡。与国内其他园林相比，避暑山庄是中国规模最大的一座皇家园林。它的主要艺术特点是：

第一，充分运用园外借景，突出自然山水之美。山庄建设发挥山体的优势，山水交融，构图完美。

第二，移天缩地，山庄独具南秀北雄的风格。山庄模仿江南、蒙古、西藏等地的名胜景物，造园体现了"移天缩地在君怀"的帝王之志。

第三，山庄园林与藏式建筑融为一体，有统一的多民族国家的象征性。清帝多次在山庄举办政治活动，推行"恩抚"政策，外八庙皆面向山庄，如众星捧月。

避暑山庄是经过几代统治者大兴土木精心建造的皇家园林，如今已成为劳动人民游览和避暑的场所。避暑山庄的优美景观征服了世界，游览过避暑山庄的人，无不感叹它大，无不赞叹它美。避暑山庄集中了中国历代园林艺术之精华，成为中国同时也是世界园林艺术的珍品。承德避暑山庄是中国古代人民的血汗和智慧的结晶，充分体现了中国人民的伟大创造力。

皇家园林之首——颐和园

颐和园位于北京西郊，是中国最后一座皇家园林，也是中国现存最完整、最大的皇家园林，在海内外享有盛誉。1998年被列入《世界遗产名录》。

颐和园作为帝王的行宫、花园，经历了明、清两代。它原名清漪园，始建于公元1750年，1860年毁于英法联军之手。1888年，慈禧太后挪用海军军费500多万两白银，对该园进行了重建，重建后名为颐和园。颐和园内，凡举殿、堂、楼、阁、亭、轩、馆、漪、台、舫、庙、廊、塔……可谓应有尽有。

颐和园总面积290公顷，有各种形式的宫殿园林建筑3000余间，大体可分为行政、居住、游览三个区域。主要由万寿山和昆明湖两部分组成。

万寿山，原名瓮山，属燕山余脉。乾隆皇帝为了庆祝皇太后六十大寿，在圆静寺旧址上建大报恩延寿寺，并将瓮山改名为万寿山。万寿山坡度舒缓，山上建有牌楼、排云门、二宫门、德辉殿、佛香阁、智慧海等建筑。万寿山的前山以佛香阁为中心，组成了巨大的主体建筑群，金碧辉煌，宏伟华丽，气势磅礴。

与万寿山前山的富丽堂皇不同，后山一片葱绿，古木森森，蝉鸣不断，苏州河九曲十八弯，是一派田园风光。至于谐趣园，"以物外之静趣，谐寸田之中和"，又是另一番风采，游廊曼回于十三座楼台、水榭之间，若月上中天，影落朱漆雕栏，万籁中竹枝摇曳，真是清幽极了。

万寿山的南麓是碧波荡漾的昆明湖，占颐和园总面积的四分之三。昆明湖原名瓮山泊，开挖昆明湖时，建设者有计划地将土方堆放在山坡上，然后依山建筑，建成了清漪园。同时，用一整块巨石雕成万寿山昆明湖石碑，立于万寿山前山，正面刻有"万寿山昆明湖"六个大字，背面刻有《万寿山昆明湖记》，均为乾隆手书，记述了扩展昆明湖的目的和经过。昆明湖景色迷人，阴晴雨雪，春夏秋冬，它不断变幻着自己的风采。湖畔的西堤、玉带桥、文昌阁、十七孔桥，都是昆明湖上著名的胜迹。

  颐和园的园林布局，可以说是集中国造园艺术之大成，在中外园林艺术史上有极高的地位。其中，最特别的是艺术长廊。长廊沿昆明湖北岸而建，东起邀月门，西迄石丈亭，中穿排云门，两侧点缀着四座对称的八角亭。长廊总长 728 米，分为 273 间，廊中的每根柱梁上都有精美的传统彩画，共有人物、山水、花鸟、风景画等 8000 多幅。这座长廊实际上就是画廊，它像一条彩带把远山近水和整个建筑群连成一体，具有很高的造园艺术价值。由于慈禧、光绪等清代统治者在园内的许多活动，这条长廊也留有许多历史事件的痕迹。

  颐和园的所有宫殿建筑均是清代木结构建筑的代表作。其建筑

又充分考虑到"避喧听政"这一主题,把朝政活动置于青山绿水之间。临湖的仁寿殿是慈禧、光绪召见臣僚、接见外国使节的大殿,那宝座、御案曾牵系过近代中国的命运。乐寿堂是慈禧寝宫,青瓶、玉石、金炉、彩屏……这些稀世珍宝,显示了皇家富有四海的豪华。

颐和园内有许多精美的文物。十七孔桥畔的铜牛,是中国古代雕塑的精品。重207吨的铜牛,为中国之最。清晏舫是中国最大的石舫。颐和园长廊是世界最长的长廊,它把几个风景点串成一线。

尽人间之极乐是帝王思想的又一侧面。为此,颐和园尽搜中国南北名胜。在290公顷面积内建起了德和园、景福阁、知春亭、画中游、听鹂馆、玉澜堂、十七孔桥……恰似天上人间一般。"情为主,景为客,景为情谋",设置这些景物时,无不有令人触景生情的意境。昆明湖本已水波浩荡,借来西山、玉泉山,使人更觉旷远迷离。十里西堤天生成,缀上幽风、玉带等六桥环连,岸上野花,岸下芦苇,宛若来到江南水乡。北宫门内,草木离离,金风萧瑟,荆败草黄,透去夕阳小径,令人吟起"阳关"绝唱……

颐和园的艺术特色十分鲜明。园林整体布局以水体为基调,充分利用了丰富的园林水景观，以传统造园手法（如鲜明对比、借景映衬、集景摹写、穿插串联等）把分散的园林景观构建成一个艺术整体，使人无论站在哪一点上，眼前都是一幅完美的图画。颐和园如京都一样有中轴对称的格局，殿宇辉煌。其规划设计、建筑、色彩、气度都是无与伦比的，全园充满帝王豪华之气。

　　黑格尔说中国的园林艺术"力图模仿自由的大自然"，颐和园的确体现了这独特的风格，它是人工与大自然最精妙绝伦的结合。颐和园汲取天下风景名胜之特色，荟萃南北园林之精华，是中国园林艺术中的瑰宝。

第四章 私家园林富豪的情趣

休闲的转化

中国古代的园林，除皇家园林外，还有一类属于官吏、富商、地主等私人所有的园林，称为私家园林。私家园林是相对于皇家的宫廷园林而言的，是供皇家的宗室外戚、王公官吏、富商大贾等休闲的园林，是建在城市府邸宅院里的山水环境。

中国古代园林起于古代帝王的囿苑和园圃，最初的囿苑是指狩猎场所，园圃是指蔬菜瓜果种植场所，完全属于山野的产物。秦汉以后，统治者于囿苑内修建楼馆以作歇息之用，逐渐向园林转化。大约从汉代开始，皇亲显贵、富商大贾也争相效仿建立私园。历史上著名的汉代私园有西汉文帝第四子梁孝王刘武的兔园，东汉顺帝时梁皇后长兄大将军梁冀的家园群，以及西汉武帝时茂陵富商袁广汉的私园等。上述三家的私家园林，都是规模巨大，气势恢弘，有的甚至可以与皇家宫苑比肩。它们所采撷的园林山水要素，都是真山真水般大小，即使是人工堆筑的土山、石山，也都是延亘数十里、高十余丈的庞然大物。

魏晋南北朝时期是中国古代园林发展史上一个不可忽视的历史阶段。因为这一时期奠定了中国古代私家园林的基本风格和"诗情画意"的写意境界，并深刻影响了皇家园林的发展。魏晋南北朝以后，私家园林中的"文人隐逸园"异军突起，成为中国古代园林的主流形式。

隋唐两代，文人士大夫酷爱园林之风有增无减，私家园林逐渐步入成熟阶段，而且由于国家统一，南北造园艺术交流渐多，艺术手法也日益深化和多样化。唐代有不少诗人和画家参与了造园活动，涌现出许多杰出的"造园艺术家"。他们按照自己熟悉的诗论或画论来建造园林，推动了造园理论的深化与确立。其中最著名的"造园艺术家"有诗人兼画家王维和大诗人白居易。王维曾作《辋川别业》，他以诗人的激情、画家的机敏赋予辋川别业及其周边环境以人文色彩，从而使别业脱去简单的自然山水的外表。如果说王维的辋川别业是一座植根于自然风景区里的"别墅园"，那么白居易在洛阳的履道里宅园就是一座典型的人工"市隐宅园"。白居易曾在20年间苦心经营这座宅园，从他的《池上篇》序言中可以看出，这是一座以水为中心布局的园林。园中有岛、有桥、有石、有竹、有建筑，但是没有山，白居易实际上是把邻居家高起的亭脊当做西山。这种"因借"思想在唐代十分普遍，为以后造园学"借景"手法的确立打下了思想基础。

除了王维的辋川别业和白居易的履道里宅园，这一时期著名的"别墅园"和"市隐园"，还

有李德裕的平泉山居、刘长卿的碧涧别墅等几处。从这些私家园林中可以看出，这一时期的造园宗旨将入画、入诗、入情、入趣作为追求的终极目的。

两宋时期的私家园林十分兴盛。在北宋时期，私家园林遍及京城内外，《洛阳名园记》中记载洛阳城中的私家名园约有20余所，具有代表性的有"富郑公园""湖园""环溪""董氏东园"等，这些园林更加自然质朴，更具山林野趣。在南宋的造园文化中，文人园的疏淡雅宜成了正宗，就连大官僚韩侂胄的南园也要有"许闲"堂、"远尘"亭、"归耕"庄之类。

辽、金的园林基本上承袭唐、宋的风格，基本没有突破性的进展。元代值得一提的是山水画家倪瓒，他以一生对名山胜景的游历为基础，设计建造了许多园林，其中赫赫有名的苏州狮子林就是他的作品之一。他是继唐代王维和白居易之后以画家、诗人的身份从事园林艺术创作的"造园艺术家"。

私家园林的普遍发展是在明朝的嘉靖年间。据时人沈德符记载："嘉靖末年，海内宴安，士大夫富厚者以治园亭。"连素有俭朴之声誉的杭州，也出现了居人"踵事奢华，增构室宇园亭，穷极壮丽"的现象。一时之间，园林即是宅第，宅第也是园林。明嘉靖以后，封建经济的深入发展，拉动了整个社会发展的速度，也促进了社会观念的变迁。特别是在清代，中国进入了封建经济的高度繁荣和传统文化的成熟期，尤其是处于经济发展高峰期的乾隆时期，奢靡之风充斥整个社会，而尤其流于整个社会上层。乾嘉时人钱泳曾论及当时的社会风气，他说："时际升平，四方安乐，故士大夫俱尚奢华，而尤喜狭邪之游。在江宁（南京）则秦淮河上，苏州则虎丘山塘，在扬州则天宁门外之平山堂，画船箫鼓，殆无虚日。"钱泳将其称为"醉乡"，以此为玩物丧志。然这种喜好游玩的风气与升平的环境，无疑从一定程度上怂恿了士大夫的构园热情，推动了以经济实力和文化修养为依托的园林建筑进入发展的高峰期。而江南一带山水相连的自然环境使这一地区城市园林的发展翘居于全国之首。

　　明清时期，文人分化出一部分从事专业的园林艺术创作。他们同工匠出身的造园家相结合，从而使造园事业向更高层次发展。有些文人还把造园经验加以总结，著书立说。其中较为著名的有明代《长物志》的作者文震亨、《园冶》的作者计成、清代《一家言》的作者李笠翁。尽管《长物志》和《一家言》并非造园学的专著，但这两本书都以较多的篇幅记述了造园经验。《园冶》又名《夺天工》，是中国古代保留下来的唯一一部造园学专著。明清时期的私家园林多集中在苏州、江宁、杭州、扬州。

诗情画意的追求

　　中国封建的礼法制度为了区分尊卑贵贱而对士民的生活和消

费方式做出种种限定，违者罪为逾制和僭越，要受到严厉制裁。园林的享受作为一种生活方式，也必然要受到封建礼法的制约。因此，私家园林无论在内容或形式方面都表现出许多不同于皇家园林之处。

私家园林与皇家园林都是中国传统的自然山水园林，但是私家园林常常是住宅的一部分，规模不大，在有限的空间里，运用曲折细腻的手法，创造出较多的景物，曲幽淡雅，与皇家的豪华之气形成鲜明对照。

从内容上看，皇家园林尤其是大型皇家园林兼有朝政、生活、游乐的多种功能，实际上是一座封建帝王的离宫；而私家园林则有待客、生活、读书、游乐的要求。

从规模上看，皇家园林占地面积大，有数百亩或数千亩之广，多选择在京城之郊或其他空旷之地；而私家园林多与住宅结合在一起，占地面积不大，大者几十亩，十多亩，小者仅几亩之地。

从建筑布局来看，皇家园林为了突出整体宏大的气势，安排了

一些体量巨大的建筑与组合，在布局中多采用中轴对称及主次分明的多轴线关系，强调依山就势、巧若天成的造园理念。与皇家园林相比较，私家园林无论是园林的整体布局还是构思选材上，都显得内敛了许多。私家园林的宅在前，园在后，在布局上不求对称，依山就势，随水而曲，采用灵活的、不规则的布置。根据需要，园林内穿插安置着不同形式的厅堂、楼阁、亭榭、画舫，园林建筑之间多用曲折多弯的小路，追求一种山林野趣和朴实的自然美。

从园林风格来看，皇家园林受到"皇权至尊，天子威仪"的封建礼制思想的影响，其建筑金碧辉煌，追求宏伟的大气魄，讲究园林的整体构图与开阔的景观。皇家园林的建筑颜色多用强烈的原色，屋顶黄、绿色琉璃瓦与屋身的红柱采枋交错，求得鲜明的对比效果。而私家园林则追求平和、宁静的气氛，建筑不求华丽，在建筑外观上讲究线条的曲折、流畅、轻盈，环境色彩讲究清淡雅致，追求一种天然的清水芙蓉般的淡雅之美，创造出一种与嚣哗的城市隔绝的世外桃源的境界。

寄情山水间

魏晋南北朝时期，文人士大夫为了逃避现实，隐逸江湖，寄情于山水之间，开始在自己的生活居地周围经营起具有山水之美的小环境，这就是私家园林的开端。唐朝是中国园林全面发展的兴盛期，仅洛阳一地，就有私家园林千家之多。宋朝都城汴梁除大建皇家园林外，私园也有数百座。明清两朝时期的北京，凡王府和富有的官宅中多附有园林。中国的私人园林主要集中在物资丰盛、文化发达的地方，特别是北京、南京以及苏州、杭州、扬州、松江、嘉兴等地。但就全国而言，私家园林最发达的多集中在南方地区。

私家园林集中在南方，是因为南方地区具有造园的自然、经济与人文等方面的条件。

　　从自然条件来说，建造山水园林需要山和水。园林堆山，除土以外，不可缺石，而江苏、浙江一带多产石料，南京、宜兴、昆山、杭州、湖州等地多产黄石。苏州自古以来就出湖石，湖石采自江湖水涯，经过常年水流冲刷，石色有深浅变化，表面纹理纵横，形态多玲珑剔透，历来为堆山之上品用料，也宜罗列庭前成为可欣赏的景观。无天然山还可用土和石堆筑，但无天然水源，虽挖地三丈也不成池沼。江南江流纵横，河网密布，水源十分丰富。同时，南方气候温和，冬无严寒，空气湿度大，适宜生长常青树木，植物花卉品种多。

　　从经济条件来说，造园需花费大量钱财，而南方具备雄厚的经济基础。江浙乃古代鱼米之乡，手工业发达，苏杭一带自两汉以来即盛产丝绸。随着商品经济的发展，城市愈加繁荣。经济的发达，给造园提供了物质条件。18世纪中叶，乾隆皇帝六下江南，遍游名山名园，江南掀起了造园热潮。扬州盐商为了求得乾隆的御宠，凭借自身的雄厚财力，在扬州建了庞大的瘦西湖园林区，自城北天宁寺至平山堂，两岸楼台亭馆连绵不断，形成一条水上园林带。

　　从人文条件来说，园林作为一种文化建设，需要具备相关的人文条件。江南自古文风盛行，南宋时文人画和山水诗盛行，随着宋朝都城南迁至临安（杭州），大批官吏、富商拥至苏杭，造园盛极一时。明清两朝以科举取士，江南中举进京为仕者众多，这批文人告老返乡后多购置田地，建造园林。尤其在清朝后期，由于

北方战乱,官僚富贾纷纷南逃,在江浙一带购地建造宅园,偷安一方。这批文人懂书画,好风雅,不但精心经营自己的宅邸,还亲自参与设计私家园林。这个时期在造园的数量与质量上都达到一个高峰,使江南一带成为私家园林的集中地区。

江南的私家园林多集中于苏州、扬州、杭州、无锡等地。苏州园林最多,其中沧浪亭、狮子林、拙政园、留园最负盛名,合称"苏州四大名园"。此外,苏州的曲园、怡园、耦园、网师园,扬州的个园、何园,无锡的寄畅园,上海的豫园等,都很有名,其中上海的豫园素有"东南名园之冠"的称号。

私家园林的特色

私家园林主要集中在南方,与华北的皇家园林相比,江南私家

园林有着自己的特点：

面积规模较小。江南私家园林与皇家园林风格迥然不同，它是私人住宅和花园的结合，一般只有几亩至十几亩，面积虽小，但布局灵活紧凑，主要运用含蓄、抑扬、曲折、暗示等手法来启发人的主观再创造，形成一种深邃不尽的意境，扩大了人们对于实际空间的感受，以达到"小中见大"的效果。如拙政园占地62亩，不及承德避暑山庄的1%，狮子林占地15亩，残粒园更小，只有140平方米。私家园林规模虽小，但园中山、水、亭、台、楼、阁等样样具备，体现出"一粒砂中见乾坤"的意境。

常用假山假水。由于规模较小，所以园景采用浓缩的手法，造以假山假水，点缀以花草树木。江南私家园林大多以水面为中心，四周散布建筑，构成一个个景点，几个景点再组成景区，较大的园林可有几个景区。私家园林的建造全部凭借人力，但在艺术效果上则尽力追求"自然"之趣，尽量不留人工雕琢痕迹，以达到"虽由人作，宛自天开"的艺术境界。

色彩淡雅素净。除了皇家园林建筑是用黄色和红色以外，私家园林建筑一般是灰色屋瓦、白色墙壁、褐色门窗，不施彩绘，但常用精致的砖木雕刻作装饰，显得朴素清雅，玲珑精致。

整体精致典雅。私家园林整体上表现为小巧玲珑，造园技法精致典雅，园林风格清高风雅。因园林的主人多为文人，能诗会画，善于品评，因此，整个园林充溢着浓郁的书卷之气，充满诗情画意，表达着一种意境美。

造园的手法

私家园林，不论是南方还是北方，不论是文人园林还是官僚、贵族、富商的私家园林，其共同特点都是在不大的空间范围建成一个富有自然山水情趣的环境。白居易在《家园三绝》中这样描绘他的宅园："沧浪峡水子陵滩，路远江深欲去难，何似家池通小院，卧房阶下插鱼竿。"在文人的住宅和园林里，住房要隐蔽，读书处求宁静，待客厅堂需方便，而游乐区域又讲求自然山水之趣。那么怎样在几十亩乃至几亩之地的小范围里去安置这些建筑，并且能使它们各得其所呢？纵观古代私家园林的实践，可以看到，以下几方面的经验和手法已成为世代相传的造园原则和规范。

私家园林在布局上不采用中轴对称的规整形式，而是创造性地采取了灵活多变的总体布局。园林的建筑物之间多用小路连接，忌用径直的大道相连。道路既有露天的石径、小道，也有避雨遮日的廊子。廊子形式多种多样，有的沿墙而建，有的呈折线形，有的随山势地形之高低而成爬山廊或叠落廊，有的驾凌水面而成水廊。处于园林中的建筑都不是孤立的存在，往往与邻近的山、水、植物共同组成一处景观。造园者沿着这些曲折弯曲的道路或廊，巧妙地创造出具有不同景观的景点。或者是一栋亭、榭，或者是古木一棵，翠竹一丛，堆石一处，只要布局适宜，安置得体，皆可成景。游人一路行来，眼前景物因变化而富新意，毫无倦怠之感。如建于清朝的苏州留园，它的入口正处于两旁其他建筑的夹缝之中，宽仅8米，而从大门至园区长达40米。造园者在如此狭长的地段里安排了由曲廊相连而组成的三个空间。进门有一个小天井，过天井，经曲廊，才进入植有花木的第二个空间，再经过小廊到达第三空间，这里有古木一株，枝叶苍劲。连接小廊的是一座小厅屋，厅墙上开空格窗，窗外才是留园的主体。在这里，用厅、廊、墙组成不同的空间，以这些空间的转合、明暗与大小的变化，再加上古木景点的布置，使这一夹缝中的狭长入口变得妙趣横生。

中国古代早期的苑、囿是选择真山真水围合而成的园林。自魏晋南北朝之后，开始有了仿造自然山水的做法。宋朝在东京汴梁建皇家园林艮岳，宋徽宗要求在园中重现五岳的雄伟、蜀道的险峻，将人造山水的技艺推到了一个高峰。发展到明、清时期，人工仿造自然山水已经成为造园中很重要的一项工程技艺。

自然山水自有其本身的生态形象，要想把它们再现于私家园林的环境中，只能经过概括、提炼，然后对自然形象进行再创造。这就要求造园者对自然山水的形态进行观察与研究、总结，提炼出它们在造型上的规律，按园林的需要将它们典型地再现，这样才能以

小见大，得自然之神韵。

先看造山，无论用土还是用石，形状上最忌二峰并列或诸峰并列如笔架，而要依园林景观要求而定，做到有主有从，有高有低。如果以土为主的堆山，则可在山上广植花木，使山体郁郁葱葱，并可在山的上下散置少量石块，如同石自土中露出。或以堆山石为主，则在石间培以积土，种植少量花树，使其具有自然生气。若用石太多，虽属乖巧灵石，也会失去自然之意。在私家园林中，往往喜欢在堂前屋后、廊下墙角立置单一或成组的石头而自成一景。这种石头犹如独立之雕刻品，十分注重本身的造型，或挺拔削奇，或浑厚滋润，或玲珑剔透，有的还在石旁、石下配置花草，组成形色俱佳的观赏景物。

再看理水，私家园林多数建于城中，即使在江南水乡，园林水池也多为人工挖凿而成。自然界有蜿蜒长流的江河、水面浩渺的湖泊和水塘，所以人造池塘切忌规整方正，而以曲折自然为好。水面如较大，宜用小桥分割为大小不一的水域，以增加水景的层次；为了使死水变活，往往将池中一角变为细弯水流，折入山石间或亭榭等建筑的基座之下，仿佛池水从这里流出，水有源而无头；水中宜种植莲荷等水生植物，使池水显出勃勃生机，但又不可满植，以免影响观看建筑在水中的倒影；池岸曲折，四周宜用黄石或湖石作驳岸，叠石有高有低，立在高处可观看四周景色，低处则可嬉水作乐。水池不分大小，只要掌握天然水面形态之要领，处理得当，可以小中见大，不显呆板局促。处理不好，则池虽大也失自然之趣。

精致的体现

私家园林没有皇家园林那样广阔的空间，也没有宏伟的建筑群，只有含蓄曲折的空间，只有近在眼前的各种建筑和山水植物，所以要做到经看、经游，除了在布局、模仿自然山水上下工夫之外，还十分讲究园中建筑、山水和植物的细部处理。

从建筑方面来说，私家园林中建筑类型很多，有待客的厅、堂，有读书、作画的楼轩，有临水的榭船，还有大量的亭、廊。仅亭子就有方亭、长方亭、圆亭、五角、六角、八角、梅花、十字、扇面、套方、套圆等不同的形式，分别安置在园中适宜的位置，有的本身即为一景，有的是观景的绝佳点。

房屋与院墙上的门有长方门、圆洞门、八角门、梅花门、如意形和各种瓶形之门。墙上的窗除普通形状以外，还有花窗、漏窗、空窗，而窗上的花纹，仅在苏州一地的园林里即可找出上百种不同的式样。这些不同形式的窗子，远看如白纸上画的花，走近一看，却发现做工相当细致考究。门窗的边框多用灰砖拼砌，打磨得十分工整，并且在边沿上多附有不同的线脚。窗上的花格条纹用木料或灰或砖制作，不同形状与颜色的材料拼砌出各种花纹图案，显得自然而美观。

园林中的植物也很讲究不同树种与花卉的配置，以求得四季常青和色彩上的变化。桃红柳绿喜迎春，红枫临深秋，冬雪压松柏。芭蕉、翠竹在江南四季常绿，是园林中最常见的植物。古树、竹丛、芭蕉都注意树干、树冠的形态，经人工精心修裁以保持其自身姿态之完美，以求得与周围建筑山石、水池之配置与协调。造园家还常用书带草（麦冬草）来修正假山缺，它如兰叶般清秀苍劲，其温柔敦厚朴素大方的品格被视为民族风格的象征。花卉除地栽外，人们还喜用四季不同的盆花装点室内外。厅、堂内满室深色木家具，点缀秋菊数盆，即刻满堂生辉。春雨过后的室外地面，砖石缝中生出丝丝青草，即显勃勃生机。花草树木在私家园林里发挥着重要的作用。园林中不少景观都是因植物而创意的，如苏州拙政园中部的东南、西南角有两处厅堂小院，因各植枇杷和玉兰树而分别为"枇杷园"和"玉兰堂"。网师园（苏州园林）水池北岸有一处厅堂，堂前有两棵苍劲古松，南望景色如画，因而取名为"看松读画轩"。

造园者通过对园林的合理规划，对景点的精心设置，以及对自然山水的刻意模仿，对建筑、山石、植物的细致处理等一系列的手段，构成了一个人工的山水园林环境。

苏州私家园林

中国的私家园林主要集中在物资丰盛、文化发达的地方。江南自宋、元、明以来，一直都是经济繁荣、人文荟萃的地区。私家园林建设继承上代势头，普遍兴旺发达，明代除极少数被保存下来之外，绝大多数都是在明代旧园基础上进行了改建或者完全新建，其数量之多、质量之高均为全国之冠。明代苏州的私家园林达200多所，到了清代，仍有130余所。江南私家园林一直保持着在中国后期古典园林发展史上与北方皇家园林并峙的地位。

中国古代著名的私家园林主要在南方，其中以苏州、扬州、南京、无锡、上海、杭州、湖州、绍兴最多，但造园活动的主流仍然像明代和清初一样，集中于扬州和苏州两地。大体说来，乾、嘉年间的中心在扬州，稍后的同治、光绪年间则逐渐转移到苏州。因而这两地的园林，可视为江南园林的代表作品，其造园的意境最高。

在江南私家园林中，苏州的私家园林最多，也最有名气，"江南园林甲天下，苏州园林甲江南"，就是对苏州园林的赞美。

苏州地处江南水乡，气候适宜，物产丰富，并且中国园林常用的太湖石也产自苏州，因此，在长达几百年的时间里，历史上官僚地主争相在苏州造园。据史书记载，苏州园林有数百处之多，分布在苏州的大街小巷。苏州的私家园林大多与住宅相连，占地少，善于在有限的空间里，创造出千变万化的景观。苏州园林中最有特色的要算宋代的"沧浪亭"，元代的"狮子林"和明代的"拙政园""留园"。

沧浪亭园

　　沧浪亭园位于苏州南三元坊附近，是苏州现存古典园林中历史最悠久的园林。这里原为五代吴越广陵王钱元璙的花园，后被北宋诗人苏舜钦买下筑亭。庆历四年（公元1044年），苏舜钦因谗言被罢官后，买舟南游，第二年在此修园，并在小山上建亭，名为沧浪亭。全园面积约16亩，以山为主，建筑均环山而筑，沧浪亭翘立于山顶。

　　沧浪亭园的入口在西北角，当人还在园外时，就已经能够感受到园林的景色。沧浪之水萦回围绕，亭台水榭，倒影历历。江南的园林中有许多水岸，但只有沧浪亭园的水岸最为壮观。它是模拟太湖水岸修建的，湖石应用得最恰当，与湖水相得益彰，既保护了水岸，又引出了景致，所以从园外看沧浪亭是最得宜的。沧浪亭园门前经过曲桥，由刻有"沧浪胜迹"的石坊进入，园门厅屋的东西两壁间嵌有石刻，石刻上记载了这座园林的历史。

　　沧浪亭全园几乎都被游廊环绕，这些游廊将一处处景观串联在一起。而园中各种窗的应用更是十分绝妙。仅走廊上就有108种图

案精美、式样各异的花窗，漏窗、盲窗的应用更是巧妙。

园内主景沧浪亭呈正方形，石柱石梁，歇山卷棚顶，方楹四柱上设有斗拱，四角高翘。石柱上刻有"清风明月本无价，近水远山皆有情"的楹联。亭在园内山上的最高处，也是山上的唯一建筑物，地位显要，形制古朴。亭前山下有一道沿河复廊，透过廊上的漏窗，园外水景依稀可见，若在园外隔水相望，沧浪亭高耸出园，掩映在林木丛中，幽雅壮观。

沧浪亭园内的假山分为东西两部分，沧浪亭坐落在东部以黄土堆就的假山上，相传是宋代遗物。土石相间，颇有自然山体之趣。西部则以湖石堆砌，玲珑剔透，岸上立有雕刻"流玉"大石。假山东南，建有御碑亭、闻妙香室、明道堂、瑶华境界、看山楼等厅堂亭阁。看山楼以北，建有翠玲珑、仰止亭、五百名贤祠、清香馆、步碕亭等建筑，错落有致。

狮子林

狮子林位于苏州城北园林路上，占地面积17亩。狮子林始建于元至正二年（公元1342年），在六百五十年的漫长岁月中，它曾因高僧住持、名家绘图而甲领江南；也因康熙乾隆多次临幸、两度仿造于北京承德而名闻天下；在近代经贝氏重建后又曾以楼台金碧、陈设精美而称冠苏城。

狮子林是座前祠堂、后住宅、西部花园的私人宅园。1986年，狮子林原来的祠堂部分建成苏州民俗博物馆。

狮子林大门设在原祠堂南部，大门正面有一座高大的八字形照墙与大门对峙，十分古朴。进入大门，与天井相对是座朝南的宽敞大厅。大厅西侧一廊相隔是燕誉堂与小方厅庭院。燕誉堂为鸳鸯厅式建筑，过去是园主宴客的场所，前后有庭院。南半厅庭院方整，出庭院西行是雪兰堂庭院，其间经过一个小天井，天井内栽植数竿

翠竹，在厅堂侧面的漏窗中即可赏观此景。北半厅与小方厅相对，庭院三面回廊，西面出庭院即是园林部分。堂的布局作为入口与园林主空间的过渡，在气氛上作收敛的处理，起着承前启后的衔接作用。小方厅北部也是庭院，在矮墙下偏南处筑有一处花坛，其上以太湖石叠成一座石峰，峰体多孔洞，上面有如九只形态不同的小狮子，因而得名"九狮峰"。九狮峰背面以院墙对北面的景物进行分隔，院墙上开有四个漏窗，分别用琴、棋、书、画四种图案，使平板的墙面富于变化。小院西部有一海棠形洞门，上面镶嵌砖刻"涉趣""探幽"四字，从这里正式进入了花园。

进入洞门，南面假山上奇峰秀石，古柏苍劲，山下池塘上架有小桥。北面是主体建筑指柏轩，轩前的宽敞平地上植有玉兰，轩西侧植有翠竹。整体布局围绕假山、峰石设置。

拙政园

拙政园位于苏州城内东北街，初为唐代诗人陆龟蒙的住宅，元时为大宏寺。明正德年间御史王献臣辞职回乡,买下寺产,改建此园,并借用晋代潘岳《闲居赋》中"拙者之为政也"取此名。拙政园占地62多亩,是江南四大园林之首,它集中体现了中国古代私家园林的造园艺术,是中国的四大古典名园之一。

拙政园分东、中、西三部分,中部面积18亩半,水面约占1/3,总体布局以水池为中心,临水建有亭、槛、台、榭等高低错落的建筑物,富有江南水乡特色。远香堂、玉兰堂、香洲、小沧浪、海棠春坞等比较集中地分布在南侧靠近住宅的一面,实际上它们是住宅的延伸。园北侧山池树木并重,以小亭小桥建筑点缀,显出生机勃勃的自然韵律。拙政园中部基本保留着明代的风貌,是全园精华所在。

"远香堂"是园中的主要建筑,园中的一切景点,均围绕远香

堂而设。其特点是庭柱为"抹角梁",并巧妙地分设在四周廊下,因而室内没有一根阻碍视线和行动的柱子。四周都嵌了玲珑剔透的长玻璃窗,可环视周围不同的景色,犹如观赏长幅画卷,所以又称"四面厅"。

远香堂南侧的另外几组建筑有玉兰堂、小沧浪、枇杷园、海棠春坞、嘉实亭、玲珑馆等。远香堂北面,池水清澈,水面宽广,临水设一宽敞平台。水池中垒土石成东西两座小山,其间以小溪相隔,西边山上修建一座长方形平面的雪香云蔚亭,东山上则是六角形的待霜亭,两者相对而富于变化。这两山都是以土为主,以石相辅,向阳的一面黄石池岸起伏错落,背面则是土坡苇丛,景色自然。

远香堂西接倚玉轩,池水从此分出一支流向墙边,这一带的水面以幽曲取胜,廊桥小飞虹和水阁小沧浪东西跨越水面,两侧亭廊棋布,组成一个水院,从小沧浪北望,透过小飞虹,可以遥见荷风四面亭,加上见山楼作远景,空间层次深远。

远香堂东面有一座土山,上叠置黄石,山上修建绣绮亭。站在山上可以俯视欣赏山南、东两侧的景观。山南是枇杷园，与远香堂南面的黄石假山以石壁和石坡穿插延伸，利用枇杷园的云墙使两座黄石假山在构图上组成一个有机体。山东侧海棠春坞中有海棠数棵、榆树一棵、绿竹一丛，重点突出，配置得宜。

总之，拙政园的特点是园林的分割和布局非常巧妙，把有限的空间进行分割，将造园五大要素有机组合，并充分采用了借景和对景等多种造园手法，营造出诗情画意的艺术空间，是中国古典私家园林的代表。

留　园

留园位于苏州市间门外，面积为30亩，始建于明嘉靖年间，是太仆徐时泰的私园，称东园，后几易其主并改为现名。

进入留园大门，是一处宽敞的前厅。从厅的右侧进入狭长曲折的过道，可进入一个面向天井的敞厅，随后，游人将进入一个半遮半敞的小空间——古木交柯。这才算真正进入园林部分。

留园内的主要景观有涵碧山房、闻香轩、五峰仙馆等。园林的中部，以"涵碧山房"为主体，前面有荷花池，另三面都有重叠的假山。东有"观鱼处"，西有"闻木樨香轩"，北有"自在处""明瑟楼"，假山高处还有"半亭"。这一带有山有水，有树龄数百年的古树，是一副绝妙的山水画。

在留园出口处是五峰仙

馆，此馆又称"楠木厅"，厅内富丽堂皇，中间的隔扇和家具陈设都是由楠木精制而成的。这在江南园林中是不多见的。

留园有一村，栽植桃、李、杏、梅、葡萄等果树，具有浓郁的江南乡村风情。西部以假山为主，土石相间，一片枫树林，颇有野趣。至乐亭、舒啸亭是西部山丘的点睛之作。

留园集园林之大成，巧妙地运用了分合、高深、曲直、虚实、明暗等对比手法，是将中国古代建筑与山水花木融为一体的代表作，位居中国四大古典名园之列。

扬州私家园林

"扬州以名园胜，名园以叠石胜"，这是在《扬州画舫录》卷二中对扬州园林的评价。扬州园林在明末清初已十分兴旺，到清乾隆年间更是臻于鼎盛，获得了"扬州园林甲天下"的盛誉。

扬州地处京杭大运河和长江的交汇点，自隋唐以来，就是东西南北的交通枢纽，又是食盐的集散地。清初，扬州既是经济中心，又是文化中心。富有的盐商们为迎接乾隆南巡，在扬州北门外瘦西湖两岸直至平山堂山下，大造园林，形成"两岸花柳全依水，一路楼台直到山"的景象。

扬州的园林保存较为完整，到解放前，扬州大大小小的园林共有20多处，其中最负盛名的，就是位于城东北的个园。

个园是清嘉庆、道光年间盐商黄应泰所筑的私园。由于园主喜竹，在园内的植物中以竹多为胜，这在江南园林中也可称为一绝。由于竹叶形似个字，所以园以"个"字命名。个园位于扬州东关城，占地面积40亩，现在开放面积为20亩。

个园的建筑不多，有桂花厅、长廊、六角亭、七间楼和透风漏月厅等古建筑。全园以桂花厅为中心，入口位于桂花厅的南面。

园内的一道漏窗花墙将住宅和园林分为南北两部分。花墙正中辟有一个月洞门，两侧对称分布了左右花坛。花坛丛植修竹，随风摇曳，其间立有石笋，有如春雨后破土而出的竹笋，呈现勃勃生机。门内西侧也丛植千竿翠竹，东侧栽植桂树，映衬出居中的桂花厅。厅后有一片水面，池西是一座湖石假山。一直向北延伸为驳岸、花台，然后与池东的黄石假山相接。黄石假山由大块黄石叠成，拔池而起，时谷时峰时洞，气势磅礴。全山面积不过一百数十平方米，却有峰有麓，有涧有谷，有洞有屋，磴道盘旋，洞窟奇谲，极尽变化之能事。山巅有亭，登高可北望绿杨城廓、瘦西湖和蜀冈景色。当夕阳西下，山体隐约于绿树丛中，耀人眼目，恰似黄山秋色，故名曰秋山。

假山山麓西临水池，突进水中的小亭，由曲桥与池北相连，七间长楼横在池北东西。长楼上下游廊与两座假山上下连接，黄石假山上下又与东南小院的透风漏月厅相连。

小院南墙前是一座用宣石贴壁叠砌的小山。宣石中的石英颗粒在阳光下闪烁，犹如晶莹的雪花，仿佛小山已被雪封。墙上开有24

个圆洞，上下四排，将墙外窄巷中的穿堂风巧妙地引进园中，呼啸不断，给人带来了风雪交加的感受，再加上院中以冰裂纹的白矾石铺地，点种了腊梅、南天竺之类的冬季花木。从黄石假山到宣石假山，有如从秋天来到冬季，而院西墙上的漏窗，又将春景借入院内。

个园以实实在在的石头，结合水池、花木、建筑等构景的要素，经过巧夺天工的叠造，写实地模拟出自然界的四季山林。个园的四季假山是江南园林现有遗存中最具特色的，是我国古典园林中的孤例。四季假山是指春山淡冶而如笑，夏山苍翠而如滴，秋山明净而如妆，冬山惨淡而如睡的中国画意境。

个园的建造，不仅重塑了山水审美的形象，也将扬州园林特色和风格体现出来，在有限的空间内，塑造众多的山水景观，给人无限遐思。

北京私家园林

相比南方，特别是江南，北方的私家园林稍有逊色。但北京作为全国政治、经济和文化中心，其园林不但翘楚于北方大小城市，且可与江南竞胜。北京是北方造园活动的中心，也是私家园林精华荟萃之地。其数量之多，质量之高，均足以作为北方私园的典型。

北京作为一个政治、文化城市，其性质与苏州、扬州有所不同，因此，民间的私家造园活动亦相应地以官僚、贵戚、文人的园林为主流。园林的内容，有的保持着士流园林的传统特色，有的则更多地着以显宦、贵族的华靡色彩。造园叠山一般都使用北京附近出产的北太湖石和青石，前者偏于圆润，后者偏于刚健，但都具有北方的沉雄意味。由于气候寒冷，建筑物封闭多于空透，形象凝重。植物也多用北方的乡土花木。所有这些人文因素和自然条件，形成了北京园林不同于江南的地方风格特色。

北京城内的私家园林，绝大多数为宅园，分布在内城各居民区内。外城的北半部繁荣，南半部较荒僻，当时汉人做京官的多建邸宅于宣武门外，崇文门外则多为商人聚居之地，故俗有"东富西贵"之谚。外城私家园林虽不如内城多，但会馆园林几乎全部集中在外城。

　　分布在内外城的私家园林，一部分是承袭明代和清初之旧，再经新主人修葺改建的，大部分则为新建。其中具备一定规模并有文献记载的估计约有一百五六十处，保存到20世纪50年代尚有五六十处。以后，迭经历年的城市建设、危房改造，几乎拆毁殆尽，得以保存至今的，已属凤毛麟角了。

　　北京的王府很多，因而王府花园是北京私家园林的一个特殊类别。王府有满、蒙亲王府、贝子府、贝勒府，按照不同的品级建置相应的附园。它们的规模比一般宅园大，规制也稍有不同。北京为五方杂处之地，全国各地、各行业的会馆达五六百处之多，其中以园林而知名者大约三十余处。会馆园林的性质和内容与私家园林并无差别，可归属于私家园林。

因北京城内地下水位低，水源较缺，而御河之水非奉旨不得引用。因此，民间宅园多有不用水景而采"旱园"的做法。即便有水池，面积也都较小。凡属这类园林的供水，一般采用由远处运水灌注甚至蓄积雨水的办法来解决。如清末民初著名学者、藏书家傅增湘先生利用住宅东面的两跨四合院落的基址改建而成的藏园，是典型的旱园和小水池园林，以游廊、厅堂分隔为四个庭园。北面的庭园最大，为假山旱园；东南面紧接园门的两个庭园则以小型水池点缀。假山与水池分开，假山的占地要比水池大得多。这是由于取水困难而形成的格局，在北京城内相当普遍。

北京的西北郊，湖泊罗布，泉水丰沛，水源条件好。由于皇帝园居成为惯例，因而在皇家园林附近陆续建成许多皇室成员和元老重臣的赐园。到乾隆时，赐园之多达到空前规模，它们几经兴废，一直存在至清末。其中有的是清初旧园的重修或改建，大量的则是

乾隆及以后新建的新园。由于供水丰富，这些园林几乎都是以一个大水面为中心，或者以几个水面为主体，洲、岛、桥、堤把水面划分为若干水域，从而形成水景园。它们的园林景观与城内一般宅园因缺水而缺乏水景的园林大相径庭。

北方私家园林，除北京之外，华北各省如山西、山东、陕西、河北、河南等经济文化比较发达的地方，也有私家园林的建置，但保存下来的已是寥寥无几。

清乾隆以后，山西省中部的榆次、太谷、祁县、灵石、平遥一带为晋商的集中地。晋商经营商业、外贸和金融业，大多富甲一方。由于儒、商合一，当地文风亦较盛，士子通过科举而入仕的也不少。他们在外经商、为官，回乡后修建豪宅，聚族而居。这类住宅往往连宇成片，形成多进、多跨院落的庞大建筑群，建筑质量很高，装修、装饰非常考究。它们分布在晋中一带的城乡，为数甚多，乃是山西现存古民居中的精粹和代表作品。它们一般都有附属的园林建置，包括庭院、宅园以及别墅园等。

北方私家园林虽不及南方私家园林，但仍是中国古代园林体系中的一个重要组成部分，涌现出很多名园胜景。

第五章 文人园林精神的居所

文人园林的产生

中国古典园林起源于先秦、两汉帝王狩猎的"囿"和通神的"台"，文人园林的出现略晚于皇家园林。汉代开始出现一些高官显贵的府邸园池，大多是模仿宫廷苑囿，而且规模略小。

汉末以来，社会动荡，战乱频仍，政权更迭迅速，使人们滋长了消极悲观情绪和及时行乐思想，有"对酒当歌，人生几何"的喟叹。在荣辱生死变化无常的情况下，统治者荒淫奢靡成风，大量聚敛财富，享乐斗富，掀起了一股大兴园林之风。与此同时，士大夫们出于愤世嫉俗而玩世不恭，醉心于老庄哲学及玄学清谈，任性放荡，不拘礼法。他们酗酒服食，寄情山水，把心中的不满吐向大自然。老庄思想和佛教的处世思想，进一步激发了文人园的兴起。

魏晋时期，士族集团间的明争暗斗愈演愈烈，斗争的手段不是丰厚的赏赐就是残酷的诛杀。于是消极情绪与及时行乐的思想更是有所发展，并且导致了行动上的两个极端倾向：贪婪奢侈和玩世不恭。

王族贵戚争修园宅，相互夸耀，而一些文人雅士为避祸而隐居田园，遨游山水。自然山水成为人们不愿面对残酷现实时的理想世界，富有自然美趣味的园林应时而生。在士大夫知识分子中，出现了相当多的名士，如"竹林七贤"，他们以纵情放荡、玩世不恭的态度来反抗礼教的束缚，寻求个性的解放。其行动表现为饮酒、服食（道教修炼方式）、狂狷、崇尚隐逸和寄情山水，这就是所谓的"魏晋风流"。处在这样的时代思潮下，社会上逐渐形成了游山玩水的浪漫风气。

寄情山水、雅好自然既然成为社会的风尚，为避免跋涉之苦、保证物质生活享受而又能长期占有大自然的山水风景，最理想的办法就是营造"第二自然"——园林。于是，山水园林、山水风景区蓬勃发展起来。其中，文人、名士们所经营的园林，因直接受到时代思潮的哺育启示而茁壮成长，成为当时造园活动的主流。

当时文人园林的规模一般都小而精，造园的手法从单纯写实逐渐过渡到写实和写意相结合，园林与山水画、山水诗文互相启导，互相发展，是受老庄哲理、佛道精义、六朝风流、诗文趣味影响浸润的结果，获得了社会的广泛赞赏，开启了后世文人园林的先河。

公元5—6世纪是中国文人园林的滥觞期，从南朝刘宋开始，出现了在宅旁营造人工山水的情况，其中有许多记载，如《宋书·戴颙传》上说，刘宋时名士戴颙与兄戴勃隐居于桐庐，兄死后，他游于吴下，吴下的士人"共为筑室，聚石引水，植林开涧，少时繁密，有若自然"。同时期的刘缅在钟岭之南营建别墅，有"聚石为水，仿佛丘中"的记载。这是模仿自然山水造园的开端。

南朝齐时，会稽孔珪在宅内造园，列植桐柳，多构山泉，殆穷真趣。《梁书·徐摛传》载："摛年老，又爱泉石，意在一郡，以自怡养。"《南齐书·文惠太子传》载，文惠太子营造玄圃园，其中"多聚奇石，妙极山水"。

南朝梁时的著名文学家江淹曾在《自序传》中说："常愿幽居筑宇，绝弃人世。苑以丹林，池以绿水。左倚郊甸，右带瀛泽。青春爱谢，则接武平皋；素秋澄景，则独酌虚室，侍姬三四，赵女数人。"此时北朝的周，传于后世的有庾信的小园，见诸文字的有"敧侧八九丈，纵横数十步，榆柳两三行，梨桃百余树"的记述。

　　总的说来，这一时期文人的隐逸观发生了变化，过去把荒野的自然作为"退隐"之地、"散怀"之所和采药寻仙的去处，此时宅旁的人工山水取代了大自然。与此相应的是，园林的主人即文士，开始在园林中无拘无束地聚会、欢乐，于是在文词中出现了"泉石""林石"或"营山水"等。同时园的规模也大幅缩小，自此文人园林迈出了第一步，走上一条模拟自然山水的道路。

　　魏晋南北朝时期，文人士大夫的隐逸思想推动了文人园林的形成。著名的有庾信《小园赋》中提到的那座小园林。此外南朝刘勔的家园也是一座著名的文人园林精品。与斗富比阔的豪华园林不同，这一时期的文人园林开始向追求质朴自然的风格发展。文人们不是为了悦目才去建造园林，而是为了息性、静心、寄情。在他们眼里，山水、花木、风月这些已不是单纯的自然之物了，它们已被人格化，成了老庄哲学中"恬淡无欲"的最好注脚。他们不是去占有山水，而是赋予山水以情感，与山水同在。这种融入大自然的思想对后来中国园林的风格影响极大。

隋唐时期，园林较之魏晋南北朝更兴盛，艺术水平也大为提高，园林艺术达到全盛时期。究其原因，可以从以下三方面分析：

第一，隋代统一全国，修筑大运河，沟通南北经济。盛唐之世，政局稳定，经济、文化繁荣，呈现为空前的太平盛世。人们普遍追求园林享受。

第二，科举制度兴起，广大的庶族地主知识分子有了晋升的机

会。他们一旦取得官僚的身份，便有了优厚的俸禄和崇高的社会地位，然而却没有世袭的保证。宦海浮沉，升迁贬谪无常，共同的经历形成了相同的处世哲学。这些知识分子在朝为官努力做一番事业，同时也为自己预留致仕罢官后的路，他们经营园林，便是为将来退隐林下独善其身。

第三，科举取士，文人做官的比较多，园林成为他们的社会交往的场所，受到文人趣味、爱好的影响也较上代更为广泛、深刻。

中唐以后，文人直接参与造园规划。他们凭借对大自然风景的深刻理解和对自然美的高度鉴赏能力来进行园林的规划，同时也在造园艺术中融入他们对人生哲理的体验、宦海浮沉的感怀。于是文人官僚的园林所具有的那种清新雅致的格调得以进一步的提高和升华，更添上一层文化色彩，于是出现了"文人园林"。

由官僚、商人、地主和士大夫阶层所造的园林为士流园林，而文人园林是指士流园林中更侧重于赏心悦目而寄托理想、陶冶情操、表现隐逸者的园林，也泛指那些受到文人趣味浸润而"文人化"的园林。

据文献记载，唐代园林继承魏晋南北朝时期园林风格的发展趋向十分明显，皇亲贵族、世家官僚的园林偏于豪华；而一般文人官僚则重在清新雅致。后者似乎较多地受到社会上的称道而居于主导地位，其间的消长变化足以说明文人园林早在唐代就已呈现出萌芽状态。

当时比较有代表性的造园文人有白居易、柳宗元、王维等，比较有代表性的文人园林有庐山草堂、司空庄、辋川别业等。其中王维所造的辋川别业是唐朝最著名的山墅庄园。王维既是诗人，又是画家，曾做过御史、尚书，仕途顺畅。后因安史之乱时未离去，成为政治上的污点，朝廷虽未治罪，甚至还让他升了官，但他由于总摆脱不掉这个阴影而辞官。辞官后隐居于陕西蓝田的辋川谷，购置前朝声名狼藉的官僚宋之间的别圃，构筑成别业。别业处于风景奇胜之地，他常与道友诗人裴迪浮舟往来，弹琴赋诗，过着优游林下的隐士生活，终老于辋川。辋川别业主要是作为居住与游息之地的林园，王维以诗人的眼光观察这个非常优美的自然区，在其间进行营造和点缀，形成许多景点。王维曾以辋川别业中的几处景点为题赋诗，开启了诗的意境与园林景观相结合的先河。

文人官僚开发园林、参与造园，通过这些实践活动，逐渐形成了比较全面的园林观——以泉石竹树养心，借诗酒琴书怡性。这对于宋代文人园林的兴起及其风格特点的形成也具有一定的启蒙意义。

文人园林的兴起

六朝到隋唐是历史舞台上两种文士阶层转换的时代：高居于社会上层的门阀世族逐渐衰落，而另一些出身于寒门的庶族则渐渐壮大。"旧时王谢堂前燕，飞入寻常百姓家"便是这种状况的写照。

造成这种状况的主要原因是科举制度的确立。盛唐以前，一些庶族的文人崭露头角，旧的门阀世族虽还保存一定的势力，但其中许多已衰落了。在科举制度之初，新兴的庶族文人，凭借他们的聪明才智，通过层层考试步入上层社会，成为高官显贵。他们承袭魏晋以来文人优游山水的风尚，广置田地，建造园地，如同前朝一些巨大的庄园一样。但是这类庄园除了提供生产生活必需品的大量土地外，还增加了许多游玩的建筑，供赏游风景之用。而另一些财力较小的官吏文人，则着意经营宅旁园地，在较小的空间内运筹自然山水之趣，从而为文人园林的发展奠定基础。

这个时期既有巨大的山庄墅园，也有小规模建于自然风景中的山居园墅；既有城市中的大型邸园，也有城郊的田园型墅园。据《洛阳名园记》记载，唐开元以后，东京洛阳城郊的邸园有一千余处。

这足见造园之盛况。

　　唐代相对宽松温和的政治环境，使文人的隐逸心态发生了转变。他们不必用隐逸来对抗社会，可以在社会与自然、政治与田园以及自我的精神领域内找到一种平衡，产生和谐的心态。唐代是诗画高度发达的时期，这对造园艺术产生了重要影响。中国文人园林所独具的诗情与画意特征，大抵奠基于此时，因为园林的主人大多是诗人和画家。

　　对于诗来说，唐代是把风景与人生、社会联系思考的时期，是把景与情相结合的时期。诗阐发大自然净化心灵的巨大力量，产生深邃隽永的意境美。对于画来说，中唐以后的山水画分为南、北两宗，南宗创造一种水墨淡彩的风格，历史上以唐代的王维、卢鸿、郑虔等为鼻祖，世称文人画。其艺术风格趋于淡雅，一扫六朝以来的艳冶之风，与当时以李思训父子所代表的院画（金碧山水）细密雕琢的风格相抗衡。中国文人园林的风格就是中国文人画的延伸，而皇家苑囿的风格可以认为是院画风格的延伸。

唐朝著名的文人园林有裴度的私园和绿野堂、李德裕的平泉庄、王维的辋川别业、白居易的庐山草堂、司空图的司空庄等。

两宋是中国古典园林成熟时期的前期，成熟前期意味着风景式园林体系的内容和形式已经完全定型，造园艺术和技术已经基本上达到了最高水平。

北宋是中国文人园林发展的一个关键时期，在唐代文人园林的基础上走向更精雅，使文人园林诗情画意的特征愈益突出，并渗入到皇家苑囿中。

北宋时期，社会经济有了很大发展，城市繁荣，呈现出一派歌舞升平景象，于是追逐浮华享乐之风席卷朝野。园林的大量修建，其数量之多，分布之广，较隋唐时期有过之而无不及。另一方面，由于统治者重文轻武，文人的社会地位比以往任何朝代都高。科举取士制度更为完善，文官执政是两宋时期政治的特色，并成为文化繁荣的一个重要因素。这从另一方面刺激了文人士大夫的造园活动，于是才学之士纷纷涌现，民间的士流园林进一步文化化。在这样的文化环境中，造园艺术也日趋成熟。另外，以诗词为上、吟风弄月和作山水之遐想的唐风遗韵，仍是文士阶层的重要标志。他们既要获得物质享受，又要得到山林之乐，这种思想促使城市私园和近郊别墅得到很大发展。

靖康之变后，宋室迁都临安（今杭州），史称南宋。临安在帝辇之下，一时文士云集，加之江南地区物华天宝，所以一些显

贵官僚开始兴造园林。临安一地，在西子湖的碧水黛山之间，有"一色楼台三十里"的盛况。其他城市如吴兴（今湖州）、绍兴等地，也都以私园著称。临安城南北十余里内，各种宅园雅舍不下百余处，大多为高官贵戚的邸园，其中著名者如韩氏（侂胄）南园。南宋时吴兴山水清丽，也是文人园集中之地。《吴兴园林记》《乌程丝志》等书载有私园二十余处，记其梗概。其中有的以山水见胜，有的以植物见胜，或以建筑见胜。

两宋是中国历史上最重视绘画艺术的朝代，其中山水画为重中之重，可以说达到了空前绝后的地步。山水画的艺术创作和鉴赏方法对于文人园林的发展产生了重大影响。在这种情况下，士流园林兴盛和文人广泛参与园林规划设计，在园林中熔铸诗画意趣比唐代就更为自觉，同时也开始重视园林意境的创造。山水画、山水园林互相渗透的密切关系，到宋代已经完全确立。

萌芽于唐代的文人园林，到两宋时期已成为私家造园活动中的一股新兴潮流，同时影响着皇家园林和寺观园林。两宋的园林作为成熟前期的第一个高潮阶段，总结了上代的成就，开启了后世的先河，是文人园林的理论奠基时期。综观两宋的文人园林，在叠山、理水、植树、建屋等方面都有很大的进步。假山的形态更加丰富，池岸的叠石、石矶以及临水台榭、桥和水口的处理等，均更为精巧。两宋文人园林的风格特点大致可以概括为简远、疏朗、雅致、天然四个方面。著名的有艮岳、苏州的沧浪亭等。

写意化的建筑

元朝时期，蒙古族政权维持了不到一百年的短暂时间，民族矛盾尖锐。元朝建立后，文人阶层的社会地位急剧下跌，从前被看做是唯有读书高的儒生，此时便视同娼、丐一流了。在这种情况下，文人既无地位，更无金钱，造园活动便自然沉寂下来。文人在仕途既然不能进，便把聪明才智转向艺术，特别是寄情于绘画以自遣，于是使笔墨韵味的抽象美和趣味兼及画外，成为文人画最重要的特征，这种影响绵绵不断直到近代。这种影响也同时及于造园艺术所追求的仿画风格，比如黄公望的矶头山峰雄浑有力，倪瓒的疏林山石恬淡简劲，王蒙的山重水复等都成为园林造景模拟的范本。

元代文人园林较著名的有元初宋室宗裔赵孟𫖯在归安的莲庄、元末倪瓒在无锡的清閟阁、常熟有陆庄和贾氏园等，元代园林至今犹存的仅苏州狮子林，但已非原貌。

明初战乱甫定，经济有待复苏，朝廷限制营造私园，造园活动基本上处于迟滞的低潮状态。明中期以后，随着经济的发展，元代那种自由放逸、各出心裁的写意画风又呈现出灿烂光辉，士人的私园又逐渐发展起来。文人画风靡画坛，成独霸之势，并达到了绘画、诗文和书法三者的高度融合。因明朝皇权的统治十分残酷，文人须通过层层考试才能任官，而且任职期间常常受到株连而获罪，所以这些文官在得到地位、声誉和金钱后，便辞官回归故里。他们辞官后，大多从事文化、艺术活动，因此文人、画家直接参与造园的比过去更为普遍。对他们而言，造园最重要的是文化环境建设。园林艺术的创作，相应地出现了两个明显的变化：一是由以往的全景山水缩移模拟的写实与写意相结合的创作方法，转化为写意为主的趋向。二是景题、匾额、对联在园林中普遍使用，犹如绘画中的题款，意境信息的传达得以直接借助于文学、语言而大大增加信息量。

明朝园林意境的蕴藉更为深远，园林艺术比以往更密切地融合诗文、绘画趣味，从而赋予园林本身更浓郁的诗情画意。一方面是士流园林的全面文人化促成了文人园林的大发展；另一方面，商贾由于儒商合一、附庸风雅而效法士流园林，或者本人文化不高而聘请文人为他们筹划经营，势必在市民园林的基调上著以或多或少的

文人化色彩。市井气与书卷气结合，冲淡了市民园林的流俗性质，出现了文人园林风格的变体。

明代的文人园林应首推苏州的拙政园和留园，但今天我们所见的园景与初建时已大不相同，许多是在清代恢复重建的，但大体上还保存着明代的园林布局特征。

入清以后，康乾盛世，经济繁荣，国力隆盛，人口大幅度增加。特别是江南地区，土地富庶，气候温暖，水源丰富，文化发达，人杰地灵，拥有极好的造园条件。所以在清朝，江南文人的造园传统又进一步高涨。康熙、乾隆皇帝钟情于园游之乐，十余次南巡起了推波助澜的作用，并将江南名园绘成图稿，在皇家园林中模造，如狮子林、瞻园、寄畅园等，所以清代私园兴造之风颇盛。

清朝文人园林建造的数量为历来最多的，但因城市人口增多和土地更难购得，所以清朝的园林规模较明代小，往往在旧园的基础上加以改造。由于在狭小的土地上造园，所以人工因素在园中所占的比重增加，自然因素如花木和水面则相对退缩。特别是园中建筑物，其数量之多大大超过了历史上任何时期。当然，建筑物的增加也是园主人生活享乐的需求增加的结果。在狭小的土地上造园，首要的问题便是取得"小中见大"的艺术效果，所以利用建筑物将园林分隔成许多大小不同的空间便成为普遍应用的方法。

　　文人园林发展到清代，园林的布置首先是各种不同形式建筑的布局问题。廊具有导游、避风雨和分隔、构景的综合作用，清代文人园林大量应用廊。山石的应用也较前期多，一般在水池岸边错叠或做成石矶，完全的土岸是很少的。在小空间内堆叠起如山林的峰峦幽谷，这是清代造园匠师的最大贡献，因此出现了像戈裕良、李渔等杰出的造园家。在理水方面也创造出一些在小面积中造成层次深邃的水景方法，像利用洲岛、湖心亭、曲桥、短堤等划分水面。总之，清代文人园林中的人工雕琢要多于明代，雕琢是整个清代文人园林艺术风格的特征。

隐士文化的结晶

　　隐士是中国封建社会的"特产"。隐士的出现有着多方面的原因，一般是在改朝换代之际，士人为逃避新政、顾全气节而避世。如商朝的伯夷、叔齐是孤竹君之子，以互相谦让王位的继承而闻名，在周武王讨伐商纣时，他们曾叩马而谏。周灭商后，他们为保存气节而隐居于首阳山中，因耻食周粟而采薇充饥，最后饿死。他们的行为被认为具有高尚的节操而受士人称颂。王莽篡汉时，中国再次出现了大批隐士，《后汉书》中的《逸民传》有专门记载。

　　隐士中大多是一些不愿与当权者合作的士人，另一类隐士则是为了追求清高和自由不羁的个人生活，或保持独立的人格与理想，虽满腹经纶却终生不仕。最早的隐士如春秋战国时的庄周，他把做官致富视同尘埃。最有代表性的是晋代的嵇康,是"竹林七贤"之一。嵇康有奇才,好老庄。山涛("竹林七贤"之一)做吏部尚书时曾打算推荐嵇康代替自己,嵇康却写绝交书加以拒绝。嵇康后来受友人吕安的事牵连入狱,又遭到谗言被司马昭杀害,临刑前有太学生三千人请愿要以他为师。嵇康的故事充分说明隐士所具有的叛逆精神和在士人阶层中的崇高地位。

此外,为了避危图安,躲避乱世的隐士占多数。如《汉书》中记载的"商山四皓",即东园公、绮里季、夏黄公、甪里先生四人,因秦的乱世而避入商山(终南山支脉),以待天下安定。在汉末的社会动乱中,隐遁于深山老林中的隐士被称为"山林逸士"或"高士"。东汉末直到魏晋南北朝,是中国社会极其动荡的时期,统治者腐败贪婪而残暴,文人动辄得咎,命如鸡犬。东汉末年党祸的大屠杀,使许多文人的命运很悲惨,如孔融、祢衡、杨修、嵇康、石崇、郭璞辈。所以魏晋时很多文人逃入大山,住土穴,进树洞,只为保全性命。山林生活虽然清苦而危险,但美丽的大自然却能赋予精神上的极大安慰,并且把他们的聪明才智引向艺术与文学的创作。

《晋书·郭文传》中记载,当洛阳沦陷时,郭文遁入余杭大辟山中的穷谷不毛之地,倚树搭起窝棚作居室,时有野兽入室为害。这种情况从当时的许多招隐诗中都能反映出来,这也说明早期隐士的山林生活

是十分困苦的，并无欢乐可言。

到了晋代，社会的动荡同样使一些世家大族纷纷走上退隐山林的道路。这些拥有土地、金钱的贵族使隐居的方式产生重大的变化。著名的山水诗人谢灵运，是晋至六朝时最大世族——谢氏家族的成员。他在《仙都赋》中提出了"岩栖""山居""丘园""城傍"四种隐居方式。这些都不是深山野处，而是经过精心选择的优美的自然地区，而且这种隐居生活既能享有城市社会的文明，也能享受大自然的乐趣。他写道："移籍会稽，修营别业；傍山带江，尽幽居之美。"这与陶潜的"采菊东篱下，悠然见南山"的清苦生活形成鲜明对比。

此后，寻访名山便成为隐士们最热衷的活动。中国许多名山的发掘，与中国的隐士有密切的关系。宋代的大画家郭熙在《画训》中写道："君子之所以爱夫山水者，其旨安在：丘园养素，所常处也；泉石啸傲，所常乐也；渔樵隐逸，所常适也；猿鹤飞鸣，所常观也；

尘嚣缰锁，人情所常厌也；烟霞仙圣，人情所常愿而不得见也。"总结出隐士爱慕山川的道理。

隐士的生活与世俗是不同的，他们相互之间常常结成小圈子，互相往还或结伴而游。历史上曾出现过许多隐士集团，如晋代的竹林七贤、唐代的竹溪六逸、五代的华山三高士，其他如南山友、苕溪五隐等。清谈、静坐、吟诗、作画、读书、诵经、调琴、弈棋、啜茗、饮酒、垂钓、采药、炼丹、游山水这些都是隐士的活动内容，也成为以后文人园林中的主要活动。

隐士的思想与儒、道两家有密切的关系。孔子的"天下有道则现，无道则隐"的思想在中国文人的思想中根深蒂固，这种"隐"带有保全自身的含意，有朝一日值政治清明时，他们还会出山入仕。以后隐逸的观念发生变化，除了隐于山林中，也可隐于城市。即使在朝廷中做一名小官，只要他的内心如同隐于山林，也是一种隐的方法，这是既保身又逍遥的不合作主义。这种思想对文人园林的营造具有重要作用。这种人大抵经历了一番宦海遨游，最后彻悟了人生的欢乐与痛苦。

因为老庄哲学是人生的镇痛剂，所以在中国封建社会，成功时的文人通常都是儒家，而失败时则转向道家。因此，隐士一般具有相当浓厚的道家色彩。如晋代的阮籍，《晋书》上说他"博览书籍，尤好老庄"。晋代大文学家孙绰在《遂初赋序》中说："余少慕老庄之道，仰其风流久矣。" 王羲之甚至与道士一起到远山中去采药石。这些文人在隐士思想中所表现的对大自然的热爱，也意味着他们对道的热爱和对仙的渴求。

如果从公元前11世纪商末的伯夷和叔齐兄弟算起，直到明末清初的徐俟斋、李蜃园，隐士这个知识分子的特殊阶层，流传近三千年之久，可以说是与封建社会共存亡。虽然中国历史上的隐士总人数并不算多，但这些人大多属士人中的佼佼者，历来被人称道。

他们之中不乏才华横溢之士，出现过许多著名的诗人、画家，对中国文化有过重要贡献。文人园林其实是隐士文化的结晶。

陶渊明与园林

　　晋末最著名的隐士陶渊明堪称真正的隐士。他不像有些文人那样为了沽名钓誉而故意隐居，那些人虽身在江湖而心仍在魏阙，只是把隐士头衔作为抬高身价的砝码。陶渊明曾做过彭泽县令八十天，因不愿为五斗米折腰，挂冠而去，被后世传为美谈，成为其后千余年文人的楷模。他在著名的《归田园居》中写道："少无适俗韵，性本爱丘山。误落尘网中，一去三十年……久在樊笼里，复得返自然。"道出了真正隐士的心声。

　　陶渊明的"田园"风格，对于中国园林文化就有着深远而重要的影响。

>　　晋太元中，武陵人捕鱼为业。缘溪行，忘路之远近。忽逢桃花林，夹岸数百步，中无杂树，芳草鲜美，落英缤纷。渔人甚异之。复前行，欲穷其林。林尽水源，便得一山，山有小口，仿佛若有光。便舍船，从口入。初极狭，才通人。复行数十步，豁然开朗。土地平旷，屋舍俨然，有良田美池桑竹之属。阡陌交通，鸡犬相闻。其中往来种作，男女衣着，悉如外人。黄发垂髫，并怡然自乐……

　　这篇《桃花源记》不单在文学艺术上具有很高的成就，其中所描绘的"世外桃源""人间仙境"更成为后世园林艺术创作的蓝本。

　　中国园林一向注重幽曲，避免直挺平阔，在造园中常采用"曲径通幽""障景"等手法，运用大小、曲直、明暗、高低、收放的对比，利用建筑、山石、树木间的相互变化，步移景换、错落有致，抑或是小中见大、欲扬先抑，营造出"山穷水尽疑无路，柳暗花明又一村"的奇趣之美。这些园林艺术或多或少都打上了陶渊明《桃花源记》的烙印，它们惬意地逍遥在陶渊明创造的桃源仙境之中。在中国的许多名园中，我们都能感受到它的影响力。如苏州名园中的"留园"，在初入时，感觉普通和狭小，穿过曲折的长廊，漏窗中若隐若现的景致，不时勾引住你的思绪，待走出回廊，顿觉豁然开朗，亭榭台阁，茂林叠翠一下子扑面而来；去过颐和园的人也会有同样的感受，从东宫门入园，先是仁寿殿前院，这是个封闭的院落，经过一段曲径后进入玉兰堂，它同样是一个方正而封闭的四合院，行至此处，庄严肃穆中就略带一丝压抑感，聊赖无味之时，穿过院落，波澜壮阔的昆明湖便呈现在眼前。

中国历史上许多园名和景点题名都出自陶诗，上海的"日涉园"便源自陶渊明《归去来兮辞》中的"园日涉以成趣，门虽设而常关"；苏州留园内的"舒啸亭"取自"登东皋以舒啸，临清流而赋诗"；苏州拙政园的"见山楼"源于"采菊东篱下，悠然见南山"；杭州"五柳园"即出自"五柳先生"。不仅这些私家园林深受陶诗的影响，就连皇家园林也大量引入陶诗，皇家园林的代表作圆明园中"武陵春色"一景，便是康熙大帝根据陶渊明的《桃花源记》摹写建造的园中园，起初名为"桃花坞"。乾隆皇帝少年时曾在此读

书，春天万株桃花竞相绽放，东南部叠石成洞，可乘舟沿溪而上，穿过桃花洞，便可进入"世外桃源"。

陶渊明对园林文化的影响还表现在艺菊方面，作为"高级园艺师"，陶渊明对菊花有着特殊的情愫。他爱菊成癖，亲自培育，造诣精深，其室有"重阳菊园"之美誉。陶渊明远离世俗，躬耕垄亩，菊酒相伴，物与心融，境与意合，被后人尊为"菊祖"。他的咏菊诗感染了一代又一代，文人墨客竞相吟咏。

中国园林崇尚"虽由人做，宛自天开"，以自然脉络秩序为主，以人工斧凿的理性规范为禁，这一风格与陶渊明平淡自然、高尚闲远的田园风格高度一致。在陶渊明笔下的农村生活、田园风光处处透露出朴素、自然、清雅、真淳的美，这种"空灵蕴藉、清逸淡远"的自然美构成了中国园林文化的核心部分，成为后世园林艺术家们永远的追求。

《红楼梦》中的园林

中国的园林有一个很重要的特点：它与绘画、诗词和文学有着非常密切的关系。它们在表现自然美和作品的意境方面，各有所长，但都遵循共同的艺术原则。文学作品是表现意境最充分、文化内涵容量最丰富、影响范围最广泛的形式之一。中国历史上许多著名的园林大部分是依赖诗词和文学作品流传下来的。中国文人园林直接或间接地受到造园者本身文学修养的影响。

《红楼梦》是中国清代文人曹雪芹的经典作品，被誉为中国封建社会的百科全书。作者在书中花费大量笔墨塑造的一个园林——大观园，也成为数百年来红学家和建筑学家的研究对象。《红楼梦》中所描绘的大观园是文学作品中最完整、最生动的古典园林形象。曹雪芹具有深厚的文化修养和多种艺术才能，他对社会剖析之深刻、生活观察之细致、园林艺术分析之精辟在当时达到了巅峰。

在封建社会，帝王营建苑囿，官僚地主、文人商贾则在自己住宅的旁边辟地建造花园，以供闲暇的时候消遣，不下堂筵，便可以享受山林泉石之美。花园的规模根据园主的财力和周围的用地条件而定，无论大小，园内总要布置假山、水池，栽植花木以表现自然山水景色，还要建造亭台楼阁，掩映于山麓水际，点缀景色，满足人们在游览观赏园景时休息和生活起居的需要。《红楼梦》中的大观园是宁国府和荣国府的后花园，是一大型私家园林。主园包括怡红院、潇湘馆等九个主要的园中园。大观园不仅是《红楼梦》中主人公的住所，作者还赋予其生命和情感，使其具有鲜明的特征。如贾宝玉居住的怡红院精致富丽、林黛玉居住的潇湘馆清幽淡雅、探春的秋爽斋豁朗大气，而薛宝钗的蘅芜苑则清冷寂寥……

要在千家万户鳞次栉比的城市闹区创造出富有自然山水情趣的园林，并不是一件易事。曹雪芹写作《红楼梦》的时代，在意境创作、

叠山技法和营造技术等方面都达到了炉火纯青的境地。为贾家主持营造大观园的除了造园家胡公,贾家门下的一帮清客也参与筹划。他们多是文人雅士和画家之流,因此自然而然把诗词的意境和山水画理运用到园林的布局和造景中去,创造出格调高雅的园林景色。

因为《红楼梦》本身是文学作品,因此,在大观园中包含着许多文学因素。贾政说:"若大景致,若干亭榭,无字标题,任是花柳山水,也断不能生色。"这句话点明了园林中景与情的关系。一幅好的山水画,必有题诗,点出画面的意境,一座景色优美的园林,必有匾额楹联,点出景中所寓的情意。

中国园林所创造的自然山水之美,不是"苍苍莽莽,混沌未开"的原始状态,也不是自然界山水景观的机械模拟,而是经过作者选择、提炼、抽象与加工了的自然景色的精华。在选择、提炼、抽象与加工的过程中,必然体现了作者的爱好、情感和寓意。这就是常说的寓情于景。建筑物的命名、题的匾额楹联,都是对景色意境的

解释以及寄托情思的流露，起了点题的作用。

潇湘馆的对联是："宝鼎茶闲烟尚绿，幽窗棋罢指犹凉。"仅仅十四个字，却有色、有味、有建筑、有生活、有氛围，将潇湘馆的意境描画得淋漓尽致。潇湘馆的命名点出了以竹子为主景所表达的淡泊、潇然的境界，恰与馆主林黛玉孤芳自赏、风雅脱俗的品性情趣相一致。古人常以挺拔的竹子比喻人品的高尚、情趣的超逸，竹子历来被许多园林作为主要的观赏植物。苏舜钦的《沧浪亭记》记叙沧浪亭是"前竹后水，水之阳又竹，无穷极。"白居易在洛阳的履道里宅园，"十亩之宅，五亩之园，有水一池，有竹千竿。"古人有"不可一日无此君"的赞美。许多文人画家也喜欢写它、画它。郑板桥就以画竹出名。自然，竹子那青翠欲滴、婀娜多姿的形象也确实清新可爱，至今仍受人们的青睐。

怡红院内植有芭蕉海棠，题额为"怡红快绿"，含红、绿两字，暗蓄海棠和芭蕉，点出植物景观所创造的娇艳柔媚的气氛，与贾宝玉温柔多情的性格契合。楹联多采用诗词，表达意境更充分。贾宝玉所题稻香村的楹联："新绿涨添浣葛处，好云香护采芹人。"农姑浣葛、采芹的情景似历历在目，令游人浮想联翩，开拓了稻香村景色的深度。

还有"凸碧山庄""凹晶溪馆"分别是大观园两处园林建筑的题名，两座建筑分别位于山之高脊和山脚溪畔，都是赏月敞厅。这两个馆名很好地描述了建筑的地形特征、周边环境以及建筑类型，更难得的是对仗工整，意境高远。

由于匾额楹联已成为园林建筑的组成部分，书法和诗词艺术也就融合在园林艺术之中。人们在观赏园林景色时，可以欣赏书法，品味诗词名句，同时受到多种艺术的熏陶。中国园林包含民族文化内涵之丰厚是举世无匹的。

虽然大观园只是文学作品《红楼梦》中的一个园林，当时根本不存在，但是许多文人士大夫仍将其作为造园的范本，对清中叶以后的造园曾起过很重要的影响。

诗文与园林

　　写文章或作诗，本来是古代文人进入上层社会最重要的工具，同时也是他们消遣自娱的方法。所以文人在造园时把做文章的方法用于造园，便是很自然的事了。清钱梅溪在其所著的《履园丛话》中说："造园如作诗文，必使曲折有法，前后呼应，最忌堆砌，最忌错杂，方称佳构。" 造园如同写文章一样有"起承转合"，才能引人入胜。

　　诗，主要是赋予园林一种情感的色彩，使游人产生遐想，提升赏游的趣味。最早出现赋诗写园的大概是唐朝王维的辋川别业。王维对别业中的三十一景，每景赋诗一首。如《竹里馆》："独坐幽篁里，弹琴复长啸。深林人不知，明月来相照。"这是由竹林、隐士、琴声、月光合成的场景，一种孤寂而自然和谐的境界。诗把景物活化，远超过纯风景的领域。

　　诗文在园林中的作用，可以归为以下几点：

　　第一，诗文可以提高园林的格调。优美的诗文增添了"书卷气"，使格调高雅。一座园林如果没有诗文的补缀，则觉其俗，即缺乏文化素养。园林不仅有题名、题咏之类，而且还有将某些与景象内容没有直接联系的古字画帖、信札、经文之类，将其作为博古文物的独立鉴赏对象而陈列在景象之中。

　　第二，诗文对园林景象起着画龙点睛的作用。诗文可以突出园林的主题思想以及各景象的不同情趣。中国古典园林，可以说都是"标题园"。园林的命名，即园林艺术作品的标题，或记事、或写景、或言志、或抒情，都是为了突出创作思想及主旨情趣。记事性质的标题，例如"补园""留园"（苏州）；写景标题，如"小莲庄"（南浔）"烟雨楼"（嘉兴）；言志标题，如"归田园""拙政园"（苏州）；抒情标题，如"畅园""怡园"（苏州）等。诗文用以突出园林的思想情趣，不仅限于全园总的标题，而且用于园内各景象的点题和情景的抒发。

第三，诗文促使景象升华到精神的高度，开拓了园林的意境。沧浪亭竹林景象中的建筑物题名为"翠玲珑"，加以楹联题咏"风篁类长笛；流水当鸣琴"，顿然加深了超越竹林景象之外的隐逸意境。苏州网师园撷秀楼题咏"岩前倚杖看云起；松下横琴待鹤归"，狮子林立雪堂题咏"苍松翠竹真佳客；明月清风是故人""相赏有松不问意；望之若神仙中人"等，这些都起到使自然景象进一步人格化、情理化，从而开拓更为深刻的意境的作用。

诗文在园林中是借由匾额或对联的形式表现出来的。

大概自秦汉开始，给建筑物取名，并且做成匾额悬挂于建筑的檐下开始流行起来。匾额字数很少，但一般寓意深刻，与建筑的性

111

质相符合表现出主人的学识修养，人们往往会给园林中一个美丽的景色取名，如奇特的峰石、绮丽的水池、一丛竹树等，这是文人借景抒情和施展才华的对象。一般来说，景名的选取常引用典故，使人联想古代文人的故事而异趣横生。比如"沧浪"是引自屈原《渔父》中"沧浪之水清兮，可以濯吾缨；沧浪之水浊兮，可以濯吾足"，反映进退、出处的高尚抱负。给建筑取名通常以含蓄或写有隐喻为上，能使游人有咀嚼的余味。如拙政园的远香堂，取自宋理学家周敦颐《爱莲说》中"香远益清"和"出污泥而不染"的名句，因为南临荷池，赏荷是其主题，所以十分贴切。补园中的留听阁引自李商隐的诗句："秋阳不散霜飞晚，留得残荷听雨声"，这是何等雅趣。宜两亭在补园的东南角，居于假山之上，与中园一墙之隔，能看到两面景色，亭名取自白居易诗句："明月好同三径夜，绿杨宜作两家春。"与谁同坐轩，则是取苏东坡"与谁同坐，明月、清风、我"之句。豫园卷雨楼则取名于王勃"珠帘暮卷西山雨"诗句。

在园林建筑上悬挂对联，更是园主抒发情思雅趣的重要手段，成为园林的重要特色。对联的创作与律诗很相似，但字数不限，给予文人极大的方便来发挥才能。对联有时也直接引用古人著名的诗句。这类联句不拘一格，或点题以表主人造园之旨，或写眼前景以抒情，或怀古人而明哲理，或寓意而发幽思等。沧浪亭楹联有名句："清风明月本无价，近水远山皆有情"，这是诗人登高远眺发出对山水的感慨。个园抱山楼的楹联是郑板桥写的："二三星斗胸前落，十万峰峦脚下青"，这是诗人登楼赏景而发出的浪漫遐想。纯写景的如怡园小沧浪亭中所悬祝枝山草书联："竹月漫当局，松风如在弦。"写景的对联常常集古人的诗句，借题发挥而天衣无缝。如虎丘原抱绿渔庄有联："塔影在波，山光接屋；画船人语，晓市花声"，这是借用了明代人的诗句。文人园林中也有一类寓意深邃、激励志节的联句，如网师园撷秀楼有郑板桥撰："曾三颜四，禹寸陶分。"

拙政园得真亭的对联是康有为写的："松柏有本性，金石见盟心。"清人俞樾在苏州的曲园为主厅乐知堂撰的楹联是："且住为佳，何必园林家胜事。集思广益，岂惟风月助清谈。"这是在勉人好学上进，不要一味追逐园林的浮华之乐。

　　园林中的匾联一般都是请名家书写，也可以直接从前人的墨迹拓取。所以游者不但能玩味文字的深刻含意，还能欣赏到书法艺术。把横匾直联悬于建筑入口的上方和两侧，已成为中国建筑的传统做法，成为建筑外观的重要组成部分。在园林建筑中，匾联尤具装饰作用，是中国文人园林具有浓厚书卷气的主要原因。如果把园林景观比作空间的图画，那么匾联便可比作园中山水画上的题款文字。

第六章 园林之美

东西方的园林艺术

中国的园林，不同于西方传统以花草为主的花园，也不同于以树木为主的树木园，而是一种结合地表形势塑造、植物配置、动物点缀以及建筑经营，而进行的自然景观的创作，是一种人为与自然相融合的建筑空间。由于自然地理环境、历史原因、民族心理的不同，不同民族以及不同区域形成了不同的自然景观。从东西方两种不同文化的对比入手，可以较深刻地理解和分析中国园林的艺术思想。

意大利文艺复兴时期，毕达哥拉斯和维特鲁威认为，美的规律就是几何与数的和谐。乔其奥说："没有任何一种人类的艺术可以离开算术和几何而获得成就"。由于16世纪至17世纪欧洲的自然科学发展迅速，产生了培根和霍布士的唯物主义经验论和笛卡儿的唯理论。笛卡儿影响了整个欧洲，他的唯理论成为西方艺术思潮的哲学基础，强调着"合理性"和"逻辑性"。

法国的园林造在平原上，它并没有采取意大利花

园的台阶样式，而是将古典主义的造园技艺引入到发展中的园林艺术。17世纪的园林艺术家阿依索，根据笛卡儿等的关于"艺术高于自然"的理论，强调对自然加以调整和安排整齐匀称的必要性。于是法国的园林呈现出几何造型，设计了直线性通道，将树木修剪成球形、塔形、方形，铺草坪、栽花畦、置喷泉和飞瀑、设雕塑于池畔或路边。西洋如同积木的建筑与整个几何化风格的园林完全协调。英国式园林依天然草地、树林、湖畔而建，具有田园牧歌式的风味，英国描写苏格兰牧场之类的大型自然风景园林的创作，多有自然主义的倾向。卢梭吹响了"返回自然"的号角，法国更青睐于英国式的园林。

中国园林是一门历史悠久的艺术，有独特的风格，它多注重艺术的真实，即所谓"传神"，不强调形式上的雷同和绝对尺度的接近自然，这可称为"写意"的创作。其实，中国古典园林艺术也存在着写实主义的思潮。清初江南著名造园家张南垣反对以有限的园林空间表现大规模的自然风景，认为："今夫群峰造天，深岩蔽日，此夫造物神灵之所为，非人力可得而致也。况其地辄跨数百里，而吾以盈丈之址，五尺之沟，尤而效之，何异市人抟土以欺儿童哉！"张氏这一偏激言论，正表达了写实主义的见解。

中国园林艺术的形成和发展，同中国古老的文化传统以及中国人的审美观念密切相关。在诸种相关的因素中，人与自然美的关系，是决定着园林本质特征及其功能的重要因素。也可以说，中国园林艺术反映着中国人对自然美的认识，对自然美的利用改造，对自然美的特殊表现形式，以及在这一艺术中的美感享受。中国的美学源于中国古代的诗经、书法，都偏重于抒情，探求艺术生命之所在，即是中国古典美学的传统。若绕过中国园林之影壁，即可见到遮掩、曲折、虚实、灵动而不断变化的一步一景，它使中国园林充满了无穷的韵味和诗意的画境，反映了中国传统美学的理想。中国传统的老庄哲学深刻地影响了中国园林的造园艺术思想，同时也接受了儒、道、禅的哲学思想对园林艺术的影响。中国园林的造园强调艺术的造型、造诣，这些都来自于封建文人对中国山水画的兴趣。

中国园林艺术的演进

园林的艺术面貌，取决于园林的创作思想；一定的创作思想，又取决于一定的园林观。

秦汉时期，统治者醉心于"长生不老"之术，在"神仙家"思想的支配下，用园林艺术手段创造一个理想的"长生不老"的神仙居住的境界。秦朝曾在渭水南面建成上林苑，筑土堆成蓬莱仙山。汉武帝在上林苑的基础上进行扩建，继而演变成唐代的"一池三山"（太液池及蓬莱、方丈、瀛洲三神山）的典型景象。这成为中国最

早的造园方式，也为中国此后千年来的自然风景园林的发展奠定了基础。

魏晋南北朝时期，士大夫阶层崇尚自然及山林隐逸的思想，缩短了人与自然的关系，受当时发展起来的自然、田园文学、绘画的启示，园林创作丰富和改造了前期寓意仙居的山水景象，出现了描写大自然风景的更富有生命力的现实主义作品。对于山水的艺术表现产生了深受庄子艺术精神影响的悟性，山水画呈现出人的性情和精神，士大夫或放荡享乐，或陶醉于山林，高人雅士野栖于山岩或横卧于水边。于是魏晋大兴建造园林，在园林中一味追求自然野趣。

到了唐代，社会文化条件已大为改观，人们追求的不是高谈玄理、标榜空灵、寄情山林和隐世遁名，这是一个朝气蓬勃、意态爽朗的时代，铁马金戈、神仙怪异、放歌酗酒、胡乐胡舞，一派少年精神和春天气象。园林依然兴盛，但主要是王公贵族、诗人墨客的山居别业，他们普遍开池筑园，著名画家诗人王维在蓝田山中建《辋川别业》，诗人白居易在庐山建造草堂，都以自然山林景色为主，略加修建，形成了充满野趣的山居别墅的特殊风格，比城市里的园林更富于天成的自然野趣。

到了宋代，在理学——禅宗思想（民族固有的儒、道思想与外来的佛学思想的结合）的自然观的基础上，这种被西方称为"自然式"或"风景式"的园林，无论在理论上还是在处理技巧上都更趋于成熟。这一时期，造园之风更盛，汴梁有十余座名园，专取太湖石点于园内，使各园颇具风采，于是赏石之风大盛于世。

明清两代的园林更加繁盛，形成了造园高潮：北方的园林以隐现于山水林木之间为其特点，是更趋近于自然的一类，如北京的西苑、玉泉山、香山等景区。皇家园林开始大肆营造，如颐和园、北海、景山，以及承德的避暑山庄；官僚贵族的私家园林也大量兴建起来，如江南苏州的拙政园、留园等。

中国古代园林的布局艺术

园林总体规划的一个重要步骤，是根据拟建园林的性质、主题、内容，结合园址的具体情况，进行总体的立意构思，对构成园林的各种重要因素进行全面布局。中国园林是由园林建筑、山水、花卉、树木等组合而成的综合性的艺术，创造了可以漫游、可以观赏、亦可居住的绝佳胜境，颇具诗情画意。造园家在造园中，考虑到如何理水、叠山，如何莳花选石等，所谓石要瘦、漏、透，水要曲折，山要奇崛苍古，这些都是一些基本原则。这些基本原则，都是为了服从表现独特艺术境界的需要。布局时需综合考虑平面和立面之间的关系，使全园形成一个能够满足功能和景观要求的统一体。

园林布局要因地制宜、合乎自然。布局前应对建园单位或园主的要求做深入细致的了解，对园址的情况进行详细调查，要了解园址自身情况，还要了解四周的环境。总体上，布局要顺应自然，充分利用原有的地形、地貌加以适当的改造，保持与自然地貌的和谐。

园林中假山中峰、涧、坡、洞各景象因素的组合，要符合自然界山水生成的客观规律。林中的山有主次之分，通常山立宾主，忌喧宾夺主；水布往来，注重曲折萦回，水池作自然曲折、高下起伏状；建筑依山就势；花木因地制宜，疏密相间，形态天然，就山而植，依水而栽，灌木也错杂相间，追求天然野趣。总之使园林形成山环水绕、峰回路转、水流花开、亭立池畔、阁隐花间的艺术空间。

景点布局要起落有序。园林是一种供人游赏的多维空间。因此，园林景点的组织、景区的分隔务必强调错落有致。风景点的布设既要注意提供游人驻足留憩、细细欣赏的静观之所，又要善于运用风景透视线来联络组织各个景点，使游人在行进中感到景色时隐时现、时远时近、时俯视时仰望，不断变化，层层展开，收到步移景异的动观效果，使游人感觉有不穷之景，不尽之意。而在整个游线的组织上，则应注重景观给游人兴致带来的起落感受。

中国古代园林的构景艺术

园林是由许多不同风格与特点的景观组成的，每种景观又是相对独立的，各有独特的审美特点。为使欣赏者能够观赏到更多景观特色，造园艺术家往往应用各种构景方法，以丰富园林艺术空间，营造艺术境界。通常采用的构景方法包括抑景、添景、借景、框景、夹景、漏景、藏景、隔景等。

例如苏州的"网师园"，以小巧玲珑、幽深见长。踏着砌成图案的花石子曲径，穿过月亮门，绕过一池碧水，转向耸立着数株高大的白皮松的"看松读画轩"前，只见室内陈设着古朴凝重的文房四宝、桌椅、板屏。沿着曲折起伏的池岸，穿长廊至"月到风来亭"，忽面对一巨镜，从中见到了光闪闪、明亮亮的"幻景"。由"月到风来亭"经"濯缨水阁"至"小山丛桂轩"前，可观透过八幅漏窗所构成的美妙虚景。

位于庭园东侧的"殿春簃"，虽只占地一亩，却集中了苏州园林之精粹，取得了园中有园、景外有景的艺术效果。主房有横匾一块，题有"殿春簃"三个大字，下面有跋："庭院隙地数弓，昔之芍药圃也，今仍补植，已复旧观"。芍药花期在春末，古称春末为"殿春"，故取"殿春簃"。芍药圃旁假山重叠，峰石回耸，松枫参差，疏密相间，并有紫藤盘绕于山石间，构成景中之景。石山靠墙处，建有"冷泉亭""涵碧泉"，碑刻之下泉水清澈见底。从书房后窗可以观梅、天竺、芭蕉构成的景致，更为"殿春簃"增添了浓郁的诗情画意。

网师园是以水为中心而造景的，水亦可俯视，从水中又可得数景"影像"。"殿春簃"一院本无池水，特于西南角开凿冷泉一眼，使之与水脉相通，则又呈现了拓扑关系。

网师园是以少胜多的极精致的宅园，应用了园林建筑与假山石相对，及相互调换的手法，故宜坐宜留，亦妙在临池移步换影，即为现时流行的"运动空间"。坐观园中景，可静中生情。

中国古代园林的文化内涵

园林是一种综合性很强的艺术，为了形成浓厚的意境氛围，园林创作不仅要运用特有的艺术手段，而且还要借用文学、绘画、雕塑、工艺美术、书法等艺术手段。因此，园林作品能较为全面地反映特定时期的文化特征。换言之，中国古典园林作为一种旅游资源，具有浓厚的中国传统文化与艺术色彩。

中国传统绘画、书法、诗词等文化艺术反映了中国人生活深处的巨大稳定性和均衡性，深刻地表现了人文性的自尊和伦理性的责任。对于传统一味地尊从不能使人的精神满足，回避不成而受压抑，为了超越自我而在精神上尽力伸展，于是就产生了"可上九天揽月"的浪漫主义抒怀形式。人们在充满张力的精神世界里竭力渴求着完美的满足，将新异的、跨度较大的、各种美质集于一体，创造着源于生活、源于客观大自然的物的同化，使新的创造物升华，与宇宙永恒的精神、与普遍存在的生命精华相融合。因此，中国人才创作了自己的具有"意象性"特质的文化艺术，例如中国传统的绘画、图案艺术、建筑艺术、园林艺术、戏曲艺术……

中国园林艺术，即以无形的诗意画境，组合构成有形的建筑、池水、山石、花衣，使园中景色变化万千，才能游之有兴，动之以情。中国古典园林何以有如此的特殊表现力？其艺术思想的基础就是植根于中国人思想深处的稳定性和均衡性，而造园的寓变化于统一、寓丰富于协调则是它的美学原理。古代隐逸之士追求乐园，寻找着安宁和舒适，一派超然物外之精神，其再与老庄的中庸，孔子的人世尊儒、佛道的解脱之说相混渗，产生了中国园林造园的指导思想。

它不主张逃遁，而主张积极地参与，博览而广取，集天下之大成，高度完善园林之美，天然与人工相混，具有民族性的"意象"特质，所以才造出"万园之园"的圆明园；也就是讲求完美，才造出网师园这样小巧精致的宅园。

中国古代园林艺术的美学追求

园林是一种高级的艺术品，中国园林艺术风格的形成与发展，既有它形成的历史条件和自然环境，同时也受到古代自然美学思想的深刻影响。游赏园林是一种高级的文化享受，在游赏中获得诗画情感，则是更高级的审美活动。中国的美学思想，虽非始于先秦，但到先秦时代才算初具体系。

商周时期已经进入文明时代，在奴隶白骨筑成的财富顶端，商朝奴隶主开始了自己的享乐游戏——狩猎。这已成为奴隶主的消遣活动。据《周礼·地官》记载："（囿人）掌囿游之兽禁，牧百兽"，可见商的苑即周的囿，囿游连文，也说明苑囿都是以狩猎为活动内容的游乐场所。就游赏的功能来说，苑囿已初具园林的性质了。虽然商的沙丘鹿台或是周的灵囿灵沼都不能算作真正的园林艺术，但从人类审美经验的发展来看，却包含着无限生机。

春秋战国时期，神话传说开拓了一个新的审美领域，其中最流行的是齐燕方士们宣传的东海神仙和蓬莱仙境。于是模拟东海仙境就成了后世帝王建造苑囿的重要内容，从而给予园林艺术新的审美领域。自春秋以来，"高台榭、美宫室"的风气遍及大小诸侯，简单的夯土台，逐渐变成了沿台建屋，回廊曲槛与殿阁楼台相结合的"台榭"建筑。

秦汉时期，兼有狩猎游戏和向往神仙的苑囿达到高峰。《史记》《三秦记》《三辅黄图》等文献记载，秦始皇在渭河南岸开辟上林苑，

苑中掘长池，引来渭水，东西二百里，南北二十里；池中筑土为山名蓬莱山，刻石鲸长二百丈，象征东海仙境。还大肆营造了咸阳宫殿和骊山皇陵。汉武帝统治时期，他在秦苑基础上继续营造上林苑，又造周围四百里的西郊苑、五百四十里的甘泉苑等。

无论是帝王宫苑或是豪第园池，都鲜明地展现了早期苑囿的特有风貌：气派宏大，包罗万象，尽量显示豪华富有。此时的园林审美意识只是机械的、直观的、形式的把握，审美经验有待深化，艺术创作有待突破。

到了魏晋时期，没有了过多的统治束缚，没有了特定的标准，文化思想领域比较自由开放，一种真正抒情的、感性的"纯"文艺产生了。魏晋风度的旷逸，六朝流韵的潇洒，老庄哲理的玄妙，佛道教义的精微，再加上诗文绘画清新的趣味，以及造园艺术实践的经验积累，使得这一时期人们的审美心理结构萌发出新鲜的根芽。中国古典园林的审美观完成了第一阶段的飞跃。如果说商周秦汉的苑囿是土壤、肥料、种子，那么由此而萌发的六朝园林则是它们的茎、叶、花卉。中国古典园林的美学观形成了。人们热爱自然，渴望着把握自然，力图开掘自然美的奥秘，对诸如意境、构图、风格、手法等艺术美的探索，都是在这个基础上发挥创造的。从这时起，在开发自然美的规律、创造环境美的技法、陶冶人性美的标准等方面，中国古典园林迈出了独特的步伐。

隋朝虽然短暂，但这一时期的工程在中国建筑史上留下了璀璨的一笔。大兴城（即唐长安）以空前的规模与格局独步世界；万里长城和大运河的宏大气派，至今仍是中华民族的骄傲；河北赵县的安济桥，无论工程结构还是艺术造型，都是世界第一流的杰作；敦煌、龙门、天龙山的石窟，展示出佛教艺术民族化的新趋向。而隋炀帝大业元年（605年）修造的洛阳西苑，则是继汉武帝上林苑以来最豪华壮丽的一座皇家园林。

唐朝的审美经验跃入了另一个境界，社会风尚和创作实践把园林的审美观推到一个新的阶段，人们开始从高度发达的抒情诗和内容丰富的山水画中寻求再现自然美的途径。艺术家们把创造山居别业当作一种诗画的创作，力求把自然美凝练在笔下。这是对美的进一步把握。是诗，但是是立体的诗；是画，但是是流动的画。中国园林从开掘自然美到掌握它，又由掌握它而提炼它，并进而将它典型化，这才达到了一个新的高度、进入了一个新的阶段。王维和白居易的别业、草堂，是这个阶段的标志。

唐末五代以至宋，中国园林从所谓的诗情画意全然走到了对形式美的追求方面去了。既要奢侈享乐，又要悠游林泉，这种心理显然不能够在真正质朴自然、幽雅宁静的山水中得到满足，形式美顺理成章地被提到了重要的地位。在这种审美观的指导下，园林的人工技巧加重了。

北宋的园林通过诗词中雕砌的环境气氛和绘画中提炼的环境形象，实现了主观对客观（环境）的把握，寄托了主观对客观的希冀，体现了人们对客观环境形式美的深刻认识。从资料记载来看，北宋时的园林，在构造亭廊、莳花种树、引流辟池，乃至经营位置等方面都有了成熟的手法。这时，人们大规模用石叠山造景，按既定要求规划景区，创造既定的诗画境界。宋徽宗亲自指导修建的汴京艮岳就是一座由人工建造、以大假山为全园主体的园林。它集前代一切园林手法，鲜明地体现了当时审美观的代表杰作。

从南宋到明代中晚期，是中国文化史上一个非常重要的阶段。绘画的章法和技巧不断有新的突破，人们对形式美的理解更加精微。戏曲舞台艺术的空前发展，使得人们对艺术的时空关系开掘得更深入了。建筑艺术追求精雕细刻，形成了柔和秀美的风格，对园林美景、风光胜地的开发经营，成为表现建筑艺术最重要的领域之一。人们对自然美的认识大大提高了，对形式美（包括造园技巧）的运用大大娴熟了，对园林的审美视野也大大开阔了。

明中叶至清初，园林审美多倾向于清新自然、质朴无华，这和文学中公安派（明代后期出现的一个文学流派）所提倡的"独抒性灵，不拘俗套"的审美标准一致。人们在园林创作中注重的是意境，是趣味，是风格，是物质世界中的精神世界；在园林审美中注重的是情绪，是寄托，是交融，是在有限的物质中寻找无限空灵之感。

到清乾隆时期，园林艺术充分利用自然，又竭力发挥人工的作用；重视环境总体，又突出各园特征；布局奇巧变化，而工艺精致考究；空间诡谲参差，而尺度法则严谨。此时园林艺术的审美特征，既全面地展示了人的创造能力，充满着世俗的人情味道，又尽量摄取、利用、改造、融合自然界一切美的因素，开辟出了园林艺术的新途径。它不再追求那已经过时了的清旷、超逸、高雅、闲适的韵味。盛清园林的蓬勃风貌更进一步表现了人对创造环境美的进取精神。

美学思想的内容很广，自然美学思想只是古代美学思想中的一个方面。美学思想与艺术实践有密切关系，集中地表现在艺术中，艺术实践决定着一个社会美学思想的性质。中国艺术在实践和理论上所体现的自然美学思想具有共同性，在历史发展中也是互相影响、渗透、补充而完善的。

诗情画意的追求

黑格尔从他的美学体系出发，敏锐地指出中国的园林艺术"是一种绘画"。中国的园林源远流长，其审美主体长期受着深厚的哲学——美学的陶冶，而客体本身又是经过多种成熟的艺术——诗词、绘画、工艺美术和建筑长期交融渗透后，独立发展出来的一个形态完备的艺术部类。"诗情画意"是中国园林追求的审美境界，而诗中的画意与画中的诗情，又是中国诗画艺术的主要美学特征之一。所以黑格尔说中国的园林是一种绘画，但这幅画是充满诗意的天然图画。它不是"纯粹"的建筑，却是融合了一切建筑手法在内的高级建筑艺术。

北宋文坛领袖欧阳修是一位有多方面修养、多方面才能的艺术家，他的诗论、画论、书论、金石论，都有不少精深的见解。白居易也是自然美的热爱者，他的园林见解和审美情趣，在士人和文人中有典型性。

在古代封建社会里，白屋指没有做官的读书人住的屋，象征清贫；朱门指贵族宅第，象征富贵。白居易谈及园林时，借用这两个含义相对立的词，说自己看待白屋若朱门，表明他将清贫与富贵等同视之。不慕荣利，清高恬静的心胸，使白居易生发出崇尚质朴的园林审美观。因此，他造园林以充分享受自然美为目的，至于住房不过是陋室罢了。白居易以朴素为园林之美，以享受风光为园林之乐，以诗书琴酒为园林生活的内容，这三点都具有普遍性，也比较全面地体现了文人对园林艺术的认识、爱好、感受。

透过《画舫斋记》,可以看出欧阳修精辟的园林设计思想,其中关于园林艺术审美心理,如变换空间,静中见动,利用审美错觉达到丰富的美感享受等论述尤足称道。

"斋广一室,其深七室",整个建筑呈长方形,好似一条船。房与房之间"以户相通",似船舱,因此主人命名为画舫斋。欧阳修在官署内建造的画舫斋,是供私人休息的地方。为了在不动的画舫上造成动的错觉,他在画舫斋的两旁垒山石、栽树木、种花草。配置了这些景物,画舫"又似泛乎中流,而左山右林之相映皆可爱者"。画舫不仅动起来了,而且航行在花石树木夹岸的河流里。

欧阳修还分析了人们的思想感情与审美心理、趣味的关系,即山水之美与"放心于物外者",都邑之美与"寓意于繁华"者。他认为都邑之美与山水之美,两者往往不能得兼,但山水之美为"放心于物外"者,所偏爱,都邑之美为"寓意于繁华"者所喜好。欧

阳修认为二者不可得兼的客观原因是地理条件造成的。从审美主体来说，喜爱山水美的是不为物质欲望所驱使的"放心于物外"者，欣赏都邑之美的是"寓意于繁华"者。思想感情的差异支配了审美的情趣。山水之美的醉心者，除了"放心物外"的隐士外，还有被贬的臣子，他们离开繁华的大城市，来到偏僻的小城镇。政治上的失意，使他们有机会接近自然，登临山水。这种情况在唐宋时期是司空见惯的，白居易、柳宗元、欧阳修、苏轼、黄庭坚等等皆是。特殊的时代审美背景铸就了审美者的特殊思想情感，影响其审美心理。

与西方美学相比，中国的美学思想更具直观性和经验性。中国的美学思想源于先秦儒、道两家大师，重视的不是求知，而是做人。所以中国的美学思想，不重系统的著作，而重零星的感受；不重理论的分析，而重直观的欣赏；不重逻辑的推理，而重联想的丰富。

建筑的艺术

园林建筑有着十分重要的作用，被称为园林的"眼睛"。中国古代园林建筑是构成平衡和谐美的最基本要素之一，一般采用古典式建筑，斗拱梭柱，飞檐起翘，具有庄严、舒展、大方的特色。其建筑造型的外部形态及建筑的室内彩绘都追求腾飞式的灵动之美，中国建筑所特有的飞檐有如野鹤展翅欲飞之形态。这种飞动之美，已成为中国古代建筑艺术的一个重要特点。

园林建筑不仅以形体美为游人所欣赏，还与山水林木相配合，共同形成古典园林风格。宋代的郭熙论山水画时说："山水有可行者，有可望者，有可游者，有可居者。"可行、可望、可游、可居，这也是园林艺术的基本思想。

园林中的古典建筑是与山光水影、乔木幽篁不可分割的。壮观的门楼，开敞的厅堂，幽静的书斋，高耸的楼阁，优美的亭榭，蜿蜒的曲廊……或依山，或傍水，山浅处护以松竹，藏以小径，使其变得幽深；水小处绕以回廊，缭以石桥，使之起到跌宕的作用。园林建筑的体态，或高或矮，或大或小，或封闭，或开阔，或富阳，或野逸，因地形走向不同，风格随之变化。

在古代园林的亭台楼阁、榭轩桥廊中，常常以厅堂为中心，成为观景的主体。厅堂不仅是主人会友、休憩的场所，同时也具有较高的审美价值，厅堂内可以观山赏水，是欣赏景色的最佳角度。所以，厅堂在建造时用料十分讲究，雕梁画栋，堂内还配有名贵的家具陈设和名人字画，这最能显示出主人的审美情趣和身价，成为典型的园林建筑。厅堂的规模和装修比一般房屋复杂华丽，多是面阔二、五开间，正中一间较大，次间较小。面向庭院的一侧通透开阔，且多在柱间安装连续隔扇，还有敞轩或回廊。屋顶多采用歇山或悬山两种形式。

园林中的厅堂种类较多，按照用料来区分：有用扁料者（即长方形木料做梁架）称作"厅"；用圆料者（即朝下部分为圆弧形，朝上部分为平行的半圆杆）称"堂"。如果按照建筑形式来区分，四周有回廊、槅扇，不作墙壁的厅堂称作"四面厅"，如拙政园远香堂。厅内脊柱落地，柱间用屏风、门罩、纱槅等将厅分为南北两个部分，梁架一面用扁料，一面用圆料，装饰、陈设也各不相同，似是两进厅堂合成的，称为"鸳鸯厅"。这种鸳鸯厅多建在两侧景物特征不同的地段，形成多种空间意境。拙政园中的三十六鸳鸯馆和十八曼陀罗花馆就是典型的鸳鸯厅。附设有布置花木、石峰的幽雅厅堂叫做"花厅"，如拙政园的玉兰堂。临水而筑厅堂称作"荷花厅"，荷花厅大多是园林中避暑的去处，如豫园中的仰山堂。外观似船形，由楼阁、厅堂、台榭等不同功能的建筑组合而成的称为"船厅"。船厅兼有旱船和厅堂的某种意境。

窗子在园林建筑艺术中起着很重要的作用。窗外的竹子或青山，经过窗子的框框望去，就是一幅画。有了窗子，内外就能发生交流，让人获得美的感受。颐和园乐寿堂差不多四边都是窗子，周围粉墙列着许多小窗，面向湖景，每个窗子都等于一幅小画（李渔所谓"尺幅窗，无心画"）。而且同一个窗子，从不同的角度看出去，景色都不相同。这样，画的境界就无限地增多了。

除了厅堂、窗子，园林建筑中的一切楼、亭、阁、廊，都是为了"望"，都是为了得到空间的美的感受。

楼是指重层的房屋，早期出现在战国晚期的楼主要用于军事目的。这种建筑形式出现在园林中，大约是在汉末到南北朝时期。当时文人墨客常常登高赏景，吟诗作赋，成为一种传统文化习俗。后来凡是用来登高远眺的建筑物都以楼阁命名。另外，由于楼的体量较大，对于丰富建筑群的立体轮廓有突出的作用。楼在园林中的布局一般位于园的边侧或后部，这样既可以保证中部园林空间的完整，又便于俯视全园景色，如拙政园的见山楼。

亭是指有屋顶而没有墙的小屋。古人将"亭"与"停"通用，所以亭是供人停下来休息和集合的地方。亭在园林中常用来点缀风景、观赏风光、驻足小憩、纳凉、避雨。其特征就是玲珑小巧，从各个角度观赏都有相对独立和完整的建筑形象。亭是由南屋顶、柱身、台基三部分组成的。屋顶的形式富于变化，亭的结构与构造及其屋顶的做法，南北是有差别的：北方的亭浑厚稳重，南方的亭则纤巧秀丽。亭的设置在园林中是十分讲究的。"花间隐榭，水际安亭"是园林中构筑景观的要素，为了能够更好地观景，造园者通常会先行选择好观景的角度和距离，然后建亭，使之在园林中起到画龙点睛的作用。

阁是楼的一种，可用来登高远眺，除此之外，还可用来藏书、藏经等。早期阁的主要功能是储藏食物，后来演变为收藏书画或供佛的多层殿堂。园林中的阁与楼近似，所以常常楼阁并用。阁的造型高耸凌空，比楼更加完整、丰富。在园林布局上，由于阁的体量大，造型突出，所以常被设置在显要的位置上，或位于建筑群的中轴线上，成为园林中的主景和空间序列上的高潮。

廊是指有覆盖的通道，多用作建筑物室外与室内空间的过渡或连接。其最基本的特征是窄而长，可以"随形而弯，依势而曲"。在园林中，廊通常用来组织和划分空间序列，达到一种似隔非隔、隔而不断的效果。通过廊将各种建筑物组合在一起，可以使内外空间互相渗透、融合，形成有机的过渡空间，收到丰富空间层次的效果；利用廊的穿插、迂回，将大的园林空间划分为若干个小的景区，使各个景区既有相对的独立和完整性，又可以互相因借，互相衬托，构成统一多变的整体效果。

园林中的建筑，一方面可行、可观、可居、可游；另一方面可以起造景、点景、隔景的作用，使园林移步换景，渐入佳境。为了丰富对于空间的美感，在园林建筑中常采用借景、框景、隔景等手法来组织空间。以丰富园林艺术空间，营造艺术境界。

借景，是中国园林艺术中常用的景观组合方法。所谓"借景"就是把园林以外的景物巧妙地组合到园中来，借以丰富园内的观赏内容和景观层次，使园内园外的景色融为一体，变有限的空间为无限的艺术世界。如苏州的沧浪亭，其重要特色在于借园外之水，园内的景致安排、建筑布局、造型都与园外之水相协调。整个园林未采取全封闭的格局，在有水之处不建围墙，以有漏窗的复廊与外界相隔，实则隔而不断，将绿水涟涟的景致借入园内，园内园外浑然一体，扩大了审美意义上的空间。

园林中许多建筑的墙面开有各式各样的门洞、窗洞，园林中的树木也可形成类似门洞、窗洞的框架式的空间。从形式上看，这些"洞"如同绘画中的画框，而画框中再现的自然与人文景观就是美妙的图画，这就是所谓的框景。框景的审美作用在于使人既能细细体味静止的景观，又能领略流动的画面，而且一些不理想或不协调的景致被框于视野之外，能够收到最佳的审美效果。需要强调的是，"洞"的形状要因景、建筑之形而设，恰到好处的圆形、方形、扇形等"洞"，能够对游人的欣赏起到推波助澜的作用。

颐和园中的谐趣园，自成院落，另辟空间，别有一种趣味。这种大园林中的小园林，叫做"隔景"。隔景可以避免各景区的互相干扰，增加园景构图变化，隔断部分视线及游览路线，使空间"小中见大"。隔景的材料有各种形式的围墙、建筑、植物、假山、堤岛、水面等。隔景的方式有实隔、虚隔和虚实相隔。

无论是借景、对景，还是隔景、分景，都是通过布置空间、丰富美的感受，创造出艺术意境。中国园林建筑是十分讲究空间变化的艺术，正如老子的观点："凿户牖以为室，当其无，有室之用。"

他认为室内空间就是生命节奏的轨迹，中国园林的空间（室内外）正是随着人的心境而变化的。既是咫尺与天涯之分，也是坚实与空灵之别；有可以畅游之处，亦有可以静居之地，更可观赏玩味；或沉吟于春花秋月，或凭栏依阁，或傍水垂钓，或俯仰啸歌，终可怡然尽兴。

意境的创造

意境是中国古代艺术所追求的一种艺术境界。园林本身就是一种艺术。艺术家在他的作品中所描绘的不仅是有形的物境，还通过这些艺术形象去表现一种思想、一种情感，这就是无形的意境。例如在中国古代绘画艺术中，苍松强劲刚健，山竹挺拔有节，梅花凌寒而放。它们都临冬不凋，独傲霜雪，所以文人将松、竹、梅视为花木中的高品，称它们为岁寒三友，为人格典范。松、竹、梅成了中国绘画中常用的主题，但艺术家的目的并非单纯为了描绘它们三者的具体形象。诗人白居易在《酬元九》一诗中对他的挚友说："曾将秋竹竿，比君孤自直。"艺术家真正所表现的正是这种"孤自直"的品格。

中国画讲究的是情景交融，以形表情，以形传神。只有做到形神兼备，才能有意境。所以中国绘画自古以来就要求不仅形似而且要神似，甚至神似超过形似。画家行万里路去对自然山水植物写生，其目的并非简单地、机械地再现这些景物于画面，而是"搜尽奇峰打草稿""立万象于胸怀"，通过艺术家的认识、想象，从而创造出融入了作者自身思想情感的新的艺术形象。"意足不求颜色真"，所以青竹、红梅都可以用黑墨来画，出现了中国所特有的墨竹和墨梅。酷爱青竹的苏东坡更创造了以朱色画竹的先例，可以说把中国绘画的写意特点发挥到极致了。

园林本身也是一种艺术，中国自然山水园林从一开始就与山水画、山水诗文不可分离，所以意境也成了古代园林所追求的一种最高境界。在园林艺术中，具体景象的建造并不等于创作的完成，景象只有在被诗情画意之类的情趣和自然的乃至生活的理想、哲理所掌握，同时与园居方式相融汇，方能真正实现完美的园林艺术价值。严格地说，在完美的园林艺术作品中，包含着思想情趣与景象的统一、景象与园居方式的统一。这种统一所产生的效果，才是园林艺术的最高境界，这就是我们称之为园林意境的东西。园林中的山水植物，各种建筑和它们所组成的空间，不仅是一种物质环境，而且还应该是一种精神环境，一种能给予人们思想感悟的环境。所以园林中的意境可以说是一个具有意念的环境。

　　所谓园林意境，它是比直观的园林景象更为深刻、更为高级的审美范畴，是园林作品的最高品评标准。让人们身临其境、耳闻目睹、娱乐其中的景象，是园林意境的基础，换言之，园林意境是依赖景象而存在的。当具体的、有限的、直接的园林景象融汇了游览实用的内容，融汇了诗情画意与理想、哲理的精神内容，它便升华为本质的、无限的、统一的、完美的审美对象，而给人以更为深广的美感享受。

　　园林意境是通过眼前的具体景象，暗示更为深广的幽美境界，所谓景有尽而意无穷。对于欣赏而言，游园的感受是从直觉的赏心悦目的景象开始，通过联想而深化展开的。对于创作来说，这种生动感人的园林意境是由于造园家倾注了主观的理想、感情和趣昧的结果。对游览而言，意境似乎是神秘莫测的。对于创作来说，它则是可知的，即意境的构成可以通过理性的分析去认识、去掌握，从而作为创作的指导。通过历代皇家园林与私家园林的大量实践，我们可以看出中国古代园林意境的表现手法：

象征与比拟

从中国古代早期的神话、宗教中可以发现，人们很早就用象征和比拟的手法来表达自己的某种思想与愿望，象征与比拟也是运用得最多的方法。"知者乐水，仁者乐山。"孔子以山水比拟人格，认为智者乐于治世，如流水一样不知穷尽，仁者喜欢像山一样安固而万物滋生。所以自古以来，人们喜好自然山水，乃至在园林中堆山开池，这不仅表现出人们对自然环境的喜爱，而且还带有仁者智者的神圣色彩。

秦始皇曾派童男童女去东海中找神山寻取仙果，寻求不得，只好在咸阳引渭水作长池，在池中用人工堆筑蓬莱神山以求神仙赐福。这种象征仙岛神山的做法自秦汉一直延续至明清，以至于在北京的北海中有琼岛，圆明园中有福海的"蓬岛瑶台"，颐和园昆明湖中也出现了三座小岛。

植物中的莲荷，其根为藕，质虽脆而能在泥中节节生长；长出水面的荷花，虽出自污泥而能纯清如芙蓉；莲荷出污泥而不染，质脆而能穿坚的生态特征同时含有深刻的人生哲理，比拟着在污浊的社会环境中人应具备的高尚情操。所以莲荷与松、竹、梅岁寒三友一样，经常出现在绘画和园林中。画家和造园家不仅用它们的形象美化画面与环境，还用它们所具有的人文象征内容去陶冶人们的精神。

几乎所有的南方私家园林都种竹。诗人白居易在《池上竹下作》中曾说："水能性淡为吾友，竹解心虚即吾师。"他在自己的宅园池边不但种了成片的竹，而且在《池畔》一诗中还说："持刀间密竹，竹少风来多，此意人不会，欲令池有波。"他之所以用刀使密竹变稀，为的是求风乍起，吹皱一池春水，这真是既有景观又有情意。宋苏轼更爱竹，他在《於潜僧绿筠轩》诗中说："可使食无肉，不可居无竹。无肉令人瘦，无竹令人俗。人瘦尚可肥，士俗不可医"。

承德避暑山庄的山岳景区里最重要的一条山间狭道就是满植松木的"松云峡";圆明园的"濂溪乐处"景点,水池中遍植荷花,乾隆皇帝特题名"前后左右皆君子"。

引用各地名胜古迹

  名胜古迹经历了漫长的历史过程,带有各自不同的历史内容。名胜古迹被应用于园林环境中的事例屡见不鲜。如江南一带,每逢阳春三月初三,亲朋好友便结伴去城郊游乐。晋人著名书法家王羲之(公元303—361年)等40余人,于晋穆帝永和九年(公元353年)到绍兴城外兰亭,在流水渠边饮酒作乐。他们散坐渠边,将酒杯置放于水上,随水弯曲流去,当酒杯停留在某人身前时,则此人必须饮完杯中酒并即兴赋诗一首,如此反复,直至酒尽。是日,王羲之把众人所赋诗集成册,并挥笔作序文,即《兰亭集序》,成为后世著名的《兰亭帖》。后人将诗集刻写于石碑,立于兰亭,从此绍兴兰亭不但成了名胜,而且在曲水上饮酒赋诗也成了文人的风雅之举,形成"曲水流觞"的传统文化活动。北京紫禁城的宁寿宫花园和承德避暑山庄都有"曲水流觞"亭,昔日兰亭的天然流水变成了亭中地面上石刻的曲水渠,它们只具有流觞的象征意义。

  承德避暑山庄还出现了模仿镇江金山寺的景点小金山和仿浙江嘉兴南湖烟雨楼的烟雨楼景点,以及仿苏州狮子林的文园狮子林。圆明园里出现了杭州西湖三潭印月、中湖秋月、南屏晚钟等名胜的移植景点。苏州私家园林中常于庭前屋后立五块石峰象征着五岳。这种对石景的欣赏到清朝末期更为盛行,乃至将尺寸小石列入盆中,置于主人几案之上,使五岳胜景进入到厅堂。

  随着这些名山名景进入园林,它们所附有的历史、文化内涵也被引进到园林,使园林增添了意境。

应用诗情画意

中国园林经常应用诗情画意来表达意境，这种诗情画意除了用景观空间来表达以外，还常常依靠悬挂在建筑上的题额、楹联来点明，用附在建筑上的诗词、书画来渲染，从而使它们更加富有情趣和发人遐思。明清文人认为园林是"地上之文章"，园林的意境和诗画的意境有很多相通之处，具体说来，诗词是用形象化的语言表达对世界的认识。诗人借助语言塑造的形象抒情言志，所以在读诗会意时，眼前似乎浮现出一幅幅无法言传的美丽画卷。绘画虽是写照外界事物形象，但体现了画家的情致，因此往往生发出诗意。

苏州拙政园西区有一塘池水，水中满植莲荷，夏去秋来，荷花谢了，莲蓬摘了，留下满塘残荷叶。唐代诗人李商隐有诗句"留得残荷听雨声"，所以池边建有一亭阁，取名为"留听阁"，在阁中客饮清茶，细听秋雨之声，自有一番清幽的意境。与此阁不远处，另有一座临水的扇面小亭，每当夜深人静，清风徐来，明月当空，水天上下相映，好一派清净幽寂。小亭取诗人苏轼《点绛唇·闲倚

胡床》中"与谁同坐，明月清风我"一句，取名为"与谁同坐轩"，可谓精确地点出了此景的意境。

  古典园林意境的营造之所以能够结合诗画艺术，是因为园林意境与诗画意境的源头相同，都具有意境的普遍共性。"意境"一词是在研究中国古典艺术时必然牵涉到的一个词汇。作为具体的美学概念，"意境"不能被简单地看做是"意"与"境"的叠加，而是蕴含着丰富的情感、心理学和哲学的意味，是中国古典美学中一个极其重要的范畴。清代钱水指出："造园如作诗文，必使曲折有法，前后呼应……"这说明中国园林注重富有诗文的意境美。

寺庙古刹、街市酒肆等布置

  在中国古代园林中，有时寺庙可以构成为一座园林的主要景观和风景构图中心。寺庙之所以出现在园林中，一方面是由于园主人，尤其是封建帝王对佛教的崇信。另一方面是因为寺庙建筑具有的景观的效果。园林中的寺庙景观有时成为一处清寂的景区，体现出一种超凡出世的意境。

  北海中的永安寺及其喇嘛塔位于琼华岛之顶，颐和园的佛香阁及智慧海佛殿建在万寿山南面的山腰与山脊，它们都以其自身突出的形象和所占据的特殊地势而成为两座皇家园林的标志和全园的风景构图中心。颐和园万寿山后中央的须弥灵境喇嘛寺因其富有特色的庞大建筑群体，成了后山后湖景区的景观中心。但是在须弥灵境东面却另有一座花承阁小佛寺，面积不大，藏在山腰密林之中。寺中还有一座小型八角琉璃宝塔，每层塔檐下都挂着风铃，风吹铃响，身处其境，大有出尘入佛境之感。

  街市酒肆的布置是帝王所追求的商业喧哗的特殊意境，这种意境只有在皇家园林才会出现。清乾隆皇帝六下江南，不但遍游名山名园，饱览南方园林之秀丽，同时也去了苏杭等江南名城的闹市，杭州的酒肆茶楼，苏州的河上水街，都令这位久居宫室、不识人间烟火的皇帝流连忘返。于是他在圆明园内建起小买卖街，在颐和园后湖建造一条苏州式的河街，在这里，两岸店铺鳞次栉比，店铺门面虽小，但衣帽鞋袜、糕点食品、药、酒、杂货品类齐全。每当帝王游幸，令宫中男、女临时充作商贾，一时间各式店铺幌子摆动，吆喝买卖之声不绝于耳，形成一幅商业市肆的热闹场面。

　　园林艺术作品是造园家对客观自然界的认识经主观创造的结果，是思维劳动的产物。它不仅包含造园家审美观、自然观、园林观等方面的逻辑思维，同时还饱含热爱美、热爱生活的情趣所激发的形象思维。因此造园家对自然、对生活观察得愈深刻、知识愈渊博、逻辑思维愈正确、艺术修养愈高、形象思维愈活跃、创作经验愈丰富，其创作的景象就愈富有概括性，整个园林作品的意境就愈深。从创作来说，园林意境是客观的反映，但又是造园家主观思想、感情的抒发。从欣赏来说，园林意境是客观的存在，但又是游园者主观想象的审美享受。

第七章 "天人合一"的理念

"天人合一"的哲学思想

　　园林是在一定空间，由山水、动植物和建筑等共同组成的一个有机综合体。因此，园林是一种空间艺术，是自然美和人工美的高度统一，其表现出的诗情画意境界，充分反映了中华民族对自然深刻的理解力和鉴赏力。作为民族精神、文化和哲学的载体，中国传统园林艺术映射出的诗情画意的浪漫主义精神、天人合一的指导思想，蕴涵着中华民族的人文观与审美理想的追求，铸就了高雅的理性品格和深邃的哲学境界。

　　"天人合一"的基本思想具有文学的渗透力和充分的表现力，贯穿了我国整个古代的文化思想史，制约着人们的思维、言行，渗透到中国古代文化的各个领域，它也是中国古典园林的哲学思想。可以说，中国园林是伴随着"天人合一"思想的演变轨迹而发展变化的。

　　中国古典园林哲学思想的萌芽始于先秦。当时，由于生产力的落后，大自然在以亲和的姿态影响人类生活的同时，又具有神秘和强大的令人敬畏的特质，人们深感自身力量的渺小，这使先秦人对自然产生了强烈的崇拜意识。他们将人力无法把握的自然现象解释为神灵在主导，并企求通过敬神的方式获得对生命平安的保障。商周时期作为帝王宫苑的"苑""囿"，面积宽广，里面建有"台"和"榭"，蓄养有大量禽兽。其中的"台"，既是游憩赏乐之处，也是祭祀的场所，用以沟通人类和上天的交流。帝王们希望通过和上天的联系，获得神的力量和权威。人们在高台之上仰可观天，俯可观地，易于触发一种天、地、人三者互相联系的生命感悟，产生人包融于天地万物中的亲和感受，于是逐渐产生了"天人合一"的中国古典园林哲学思想。

至秦汉时期，生产力有了发展，人们对自然不再怀有畏惧之感，认为自然是恩赐于人类的长者，人和自然应该和谐相处。于是，人们在宫苑内凿池引泉、栽花种树，利用山水植物来美化和改造自然环境，将蓬莱神话中的"一池三山"格局布置于宫苑中，塑造人与自然对话、"天人合一"的造园哲学。

魏晋南北朝时期，社会动荡不定，许多士大夫对社会深恶痛绝。为避世俗的纷扰，他们纷纷隐居山林，筑屋造园，寄情于山水之中。这个时期的造园思想融入了山水诗、山水画等超凡脱俗的意境，"天人合一"的造园哲学得到了升华。

隋唐是中国封建社会的鼎盛时期，社会经济繁荣，文化空前发达。园林艺术仍以自然要素为主，同时山水诗画更广泛地运用到园林领域，形成了园中有诗、园中有画的艺术境界。与自然山水紧密联系、富有浓厚文化气息的文人士大夫园林开始成为园林艺术发展的方向。宋朝时期，由于文化阶层的扩大，人们对风雅生活的追求比前代更甚。"天人合一"的思想对园林的要求越来越精致，山水、林石、画径皆以表达情感的形式布局，融入了写意的情感，托物寄情，内涵深邃，园林艺术由"画境"升到"意境"。

元明清时期，园林艺术继续秉承"天人合一"的造园理念。明清时期造园活动异常繁荣，江南私家园林星罗棋布，异彩纷呈，文人墨客参与造园成为风尚，出现了精通书画、巧于造园的能工巧匠，如明末的计成、明末清初的张南垣。在造园的实践基础上，工匠们总结出了园林艺术的理论书籍，如计成的《园冶》、文震亨的《长物志》，他们追求在"壶中天地"中创造出"虽由人作，宛自天开"的意境。

　　至此，中国古典园林艺术的发展始终贯穿着"天人合一"的哲学思想，在"天人合一"哲学思想的指导下，中国古典园林艺术以其独特的精神意境、丰富的文化内涵而享誉世界，被誉为世界园林之母。

自然美与意境美

　　"天人合一"哲学思想认为：人生存于天地之中，只是天地万物中的一分子，也是宇宙中的一个不可缺少的组成部分；人必须顺应自然规律，应追求自然之道和人为之道的统一，人与自然和谐才是价值目标。中国古典园林艺术哲学思想源远流长，在形成发展过程中不断吸收异彩纷呈的传统文化，始终没有偏离"天人合一"这一脉络，并且很好地延续继承了"天人合一"的古老哲学思想，使中国园林艺术独树一帜。

　　"天人合一"中的"天"是指世界，"人"是指人类，"天人合一"，即人与世界相辅相成，不可分割，合为一体。明末清初之前，中国哲学的主流一直是"天人合一"的思想。

　　中国古典园林"天人合一"的哲学思想，表现在"师法自然，因任自然"的造园艺术特点上。它认为人和自然是互相平等、相互渗透的关系，而不是支配与被支配的关系，把自然作为人们亲密的朋友，人类和自然应该惺惺相惜，爱护自然等于保护人类赖以生存的环境。自然不是改造驯化的元素，而是园林艺术临摹的范本。

中国古典园林在天人合一哲学思想的影响下，特别注重与自然环境的融合。人们在建园时，会随着地形的高低起伏进行融于自然的设计，将园区周围良好的自然景观借入园内，让园林更好地融入天地自然的怀抱，与天地自然形成浑然一体的生命有机体。它模仿着自然山水形态，展现出自然的精神内涵，达到"天人合一"的无间状态。它那"虽由人作，宛自天开"的有若自然的环境，曲径通幽、小桥流水的清新气韵，空灵通透的建筑形式，无一不体现着合于自然的理想追求。如苏州园林，其园林原型正是郊外的自然山水和植被。苏州是沃土广袤的平原城市，西有波光潋滟的万顷太湖，湖周围重峦叠嶂，山不高却有峰峦洞壑，林不深但见疏密错落，藤竹相间，繁柯满坡，且有常年不败的花卉，四时可摘的鲜果。这些乔林灌丛、山花野果，增添了几许自然、几许情趣，以此为造园原型，必将使小园收"天全"的效果。

中国古典园林在强调自然美和意境美的同时，又成功地展现了天、地、人和谐共处的宇宙精神。人们徜徉在幽雅的园林胜景中，犹如身处盎然生机的自然环境，在诗情画意的体验中，与天地万物融为一体。人的思想境界与天地灵气变相往来，并合于自由无待的境域中，体验着超凡脱俗的思想境界。

中国园林是中国传统文化的载体，它具有丰富的哲学内涵——崇尚自然、崇尚变化与统一，充分体现了"天人合一"的哲学思想。师法自然、融入自然、顺应自然、表现自然，这是中国古代园林表现"天人合一"这一民族文化特质之所在，是独立于世界园林之中的最大特色，也是永葆艺术生命力的根本原因。

造园的基本理论

虽由人作，宛自天开

中国从老庄崇尚自然到以表现自然美为主旨的山水诗、山水画和山水园林的出现、发展，都贯穿了人与自然和谐统一的哲学观念。这个观念深刻影响了中国传统艺术的创作，表现在山水诗画和园林艺术的创作上，强调"法天贵真""天趣自然"，反对成法和违背自然的人工雕琢。"率意天成"和"自然"成为评价作品的主要标准。计成在《园冶》中论及叠山时，提出"虽由人作，宛自天开"。

中国古代园林创作的最高境界，就是"虽由人作，宛自天开"，源于自然山水，又高于自然山水。通过艺术加工过的高山流水、清风明月、鸟语花香、亭台楼榭来激发人对美的感情、美的抱负、美的品格的向往与追求，达到寓情于景、情景交融的效果。

中国古代园林在造园过程中追求"自然"一原则，这一原则包含两个层次的内容：一是总体景象的布局、组合要合乎自然。换句话说，就是山与水的相互关系以及假山的各景象因素如峰、涧、坡、洞之间的组合要符合自然界山水生成的客观规律。山应有脉络走势，峰必然起伏参差。叠山的高手总是细心观察大自然山峦构成的种种形式规律，再加以抽象概括，使所叠的假山峰峦层叠，有主有次，如拱如揖，使各景象要素之间相互呼应。这样才能达到"宛自天开"的境界。自然界中，山和水常是相伴而生的，有山就会有涧谷溪流。因此，园林中的水池常围绕山体展开，既可衬出山之高耸，达到艺术上夸张的效果，又顺乎自然规律，得天然之趣。二是每个山水景象要素的形象组成要合乎自然规律。如假山峰峦总是由许多小的石料拼叠而成，这就要求叠砌时仿天然岩石的纹脉和节理，尽量减少人工拼叠的痕迹。洞壑之内，仿天然喀斯特溶洞的形成肌理，倒垂钟乳。水池的池岸，常常做成曲折自如、高下起伏，或砌以天然形体的块石护坡，或作多层伸入水面的矶石，或铺以土，种植芦荻。林木花卉的配置疏密相间，形态天然，乔灌木错杂，追求一种天然野趣。

做到以上两点，园林的景观就成"天然图画"，达到"虽由人作，宛自天开"的艺术境界。

相地合宜，构园得体

相地合宜、构园得体最好的例子之一当属无锡寄畅园。

寄畅园位于无锡西郊惠山东麓，是一座建于明代的江南名园。时名"凤谷行窝"，是明代户部尚书秦金的别墅，后经过族裔秦耀的改建，更名为"寄畅园"。清代咸丰十年（公元1860年），此园被毁，现在园内的建筑是后来重建的。假山是清初改筑时张钺所作。

寄畅园的选址非常成功，西靠惠山，东南有锡山，自然环境优美。清代康熙、雍正、乾隆、嘉庆几个皇帝南巡时都曾多次选中这里并留言，对它非常倾心。康熙题过"明月松间照，清泉石上流"的诗句来赞美它。寄畅园在园景的设置上很好地利用了自然环境。在园中的丛树空隙间可以望见锡山上的龙光塔，从水池东面西望可以看到惠山耸立。这样，既将园外的美景引入园中，又增加了园内的深度。同时，园中的池水、假山又是引惠山泉水和用本地的黄石建成，建筑物在总体布局上所占比重较少，而以自然山水为主，加上树木茂盛，布置适宜，园林显得疏朗开阔。

寄畅园西倚惠山，其入口处与众不同，游人进园门即可看到惠山巍然屹立。左右是半封闭的长廊式庭园，过清响月洞门，一座太湖石宛若秋云耸立园中，似障非障，园景依稀可见。沿池畔左折，往前不远，山、水、树、桥、曲径、亭榭尽现眼前。步入知鱼槛，槛下一池清水锦汇漪，池对面是青树翠蔓的土岗，鹤步滩从土岗悬

垂入池，滩头种植两棵枫杨树，黄白色的花朵随风起舞。知鱼槛往南，依偎着锦汇漪的是一条长达20米的游廊，比园林的廊要高许多，此处的设计虽悖于常例，但当人侧身西望时就会发现，这是为了更好地欣赏惠山风光。作为一座山麓园，寄畅园突出了野趣，而且不光在园内做文章，它更多地借助于园外风光，增添了园林的景深。

寄畅园与太湖近在咫尺，取用太湖石是近水楼台，但此园对湖石的应用，却是惜石如金，只是偶有点缀而已，令人感叹。入口处的太湖石就是一例，而东南角倚墙而立的美人石则显示出另一种姿态。这是一块完整的太湖石，玲珑剔透，向来为人珍视。而离此不远则是一块形状鄙陋的顽石，多会被人忽视，可一经点破主题，往往又会赞叹园艺家以小品补缀，雅中藏俗、丑处见美的绝妙。

由美人石处往北过林荫、越花圃，便可以折回到锦汇漪，站在水池北端的七星桥头下望，似有似无的潺潺流水声带来了丝丝凉意。绕过生根于土岗的山石，便可见到镜石上隶书"八音涧"，这里是园中掇山的组成部分。此处山涧长36米，由东北往西南逐渐增高，越走越窄，恍入死径，走到底却豁然开朗，大有绝处逢生之感。水声与足音构成一个清幽的世界。八音涧与锦汇漪长年水流不断，池水因之清澈。寄畅园明是借山，实则引水。由惠山白坞山谷渗流而出的惠泉水，清冽甘醇。引入园中，使园内的景物分外灵秀。

寄畅园内还有九狮台、含贞斋、秉礼堂、贞节祠、佚名山、嘉树堂、涵碧亭等一系列的建筑和景观。

寄畅园给人的印象是简洁明晰，它向大自然借山、借水、借音响，在"借"字上下足功夫，却又不着痕迹。它有伟岸之美，壮健之美，园虽小，却沉稳古朴。

巧于因借，精在体宜

"巧于因借""精在体宜"是在明确了"师法自然，创造意境"的布局指导思想之后必须遵循的基本原则和基本方法。

一个良好的园林布局，应该是从客观的实际出发，因地制宜，扬长避短，发挥优势，顺理成章，而不是凭主观的臆想，人为地去捏合造作。在园林的布局过程中，需要对地段特点及周围环境的深入考察，顺自然之势，经过对自然山水美景的高度提炼和艺术概括的"再创造"，达到"虽由人作，宛自天开"的效果。这就是中国明末著名的造园家计成在《园冶》中所特别强调的"构园无格"。"无格"即没有固定不变的模式，但"无格"却有"法"可循，这个"法"就是"巧于因借""精在体宜"这八个字。

"因"就是因地制宜，从客观的实际出发，即"因"者"随基势高下，体形之端正，碍木删桠，泉流石注，互相借资；宜亭斯亭，宜榭斯榭，不妨偏径，顿置婉转，斯谓'精而合宜'者也"（《园冶》）。可见，这个"因"是园林布局中最要紧的，从"因"出发达到"宜"的结果。以颐和园为例，园中谐趣园位于万寿山东麓，北部有土丘与高出地面5米左右的大块岩石，形似万寿山的余脉，这与寄畅园和惠山的关系相似；这里原是地势低洼的池潭，水位与后湖有将近两米的自然落差，经穿山引水疏导可成峡谷与水瀑，类似寄畅园的"八音涧"；在借景方面除西部的万寿山外，还有借颐和园之外的玉泉山、玉泉塔之景，使人在视觉上感到更加深远，层次更加丰富。

在园址选择这个带有全局意义的抉择上，它比同时代的园林高出一筹，表现了造园家的艺术素养和眼力。

空间对比，小中见大

把园林空间划分为若干个大小不同、形状不同、性格各异、各有风景主题与特色的小园，并运用对比、衬托、层次、借景、对景等设计手法，把这些小园在园林总的空间范围内很好地搭配起来，形成主次分明又曲折有致的体形环境，使园林景观小中见大，以少胜多，在有限的空间内获得丰富的景色。

所谓对比，有大小的对比和明暗的对比。大和小的概念本身是相对的，只有通过对比，才能具体显示其大小。明暗是光线亮度对比，对空间大小有烘托作用。灰暗会使人觉得空间狭小，明亮则显得空间宽大。人的视觉在大小、明暗反差强烈的对比下会出现错觉。古人正是利用这种错觉造成许多"壶中天地"的境界。如苏州留园就在空间对比手法方面给人留下了深刻印象。特别是它的入口部分，其空间组合异常曲折、狭长、封闭，人处于其内，视野被极度地压缩，甚至有沉闷、压抑的感觉，但当走到尽头而进入园内的主要空间时，便顿时有一种豁然开朗的感觉。

园林中一些独立成景的小景点和小庭院，都具有烘托主景区，使之显得开阔自然的作用。

除了对比烘托，还需要控制园内建筑物、假山和桥的尺度。建筑物在满足使用功能和观赏功能的前提下，应该尽量建得小巧玲珑。

假山的真实尺度不能过于高大，桥宜低平，目的都是扩展空间。因为叠石假山的真实尺度不大，所以，一般不宜在山巅建亭，以显示峰峦，整体上取得艺术的真实效果。

动静对比，步移景异

中国古典园林游览路线的设计是动中寓静，在动观的线上串联上一个个静观的点。游人必须步游廊，攀假山，穿山洞，过小桥，在动态中欣赏各种景色。而在主要风景点之前，则设计一些亭台轩榭，让人们流连驻足，坐观静赏。大中型园林一般都由几个不同境界的次要景象围绕着主要景象，形成一个主次分明、景色多变的园林景观。每种景象本身又是一幅立体式的空间画面，随着观赏方位和角度的改变，都会使画面变化。在咫尺之地让游人去领会园林空间的层次、对比、虚实、明暗、早晚等多变的艺术效果。中国园林往往是动中有静，静中有动，把构筑物景点按照一定的观赏路线有秩序地排列起来，运用以静观近赏为主的封闭空间与开敞的外向空间的对比，使人步移景异，漫步其中犹如欣赏一幅中国山水画长卷。

为了让游人可以从不同角度观赏到最优美的画

面，就必须对景象进行详尽的分析、比较和组合，设计出一条最佳的游览路线。这条路线要把行进中各种最佳动态观赏点与提供人们休息、宴客、活动、居住和观赏的建筑物中的静态观赏点有机串联在一起，使所观赏的景象形成一幅有开合变化、虚实对比和节奏韵律的、统一的连续画面。

游览园林最好是徐步慢行，走走停停，于会心处，不妨细细品赏。在行进的过程中，有时见到的画面是不能直接到达的，反会激励你的游兴，曲折绕道，穷而后快。有时你会无意中发现面对着一幅构图优美的景致，如走廊拐弯处的数块石峰、一簇芭蕉、几竿修竹，或从门洞或窗框望出去一幅幅天然的图画。这些都是造园家有意识安排的，用造园的术语说，就叫对景。对景的设计有显与隐两种。主厅堂面对的山水主景，或道路拐角处的组合景象是显的对景，游人于不经意中发现的，如从枇杷园通过晚翠月洞门望池中假山和雪香云蔚亭，从与谁同坐轩通过门洞北望倒影楼等是隐的对景。隐的对景给人的印象往往更深刻、效果更强烈。

造园的要素

造园是在一定地域范围内，利用并改造天然山水地貌，并结合植物和建筑物的布局，创造一个供人们观赏、游憩、居住的环境的过程。它既是一种系统的建筑工程，也是一种"隐现无穷之态，招摇不尽之春"的系统美学工程。造园包括筑山、理水、植物配置、建筑营造和书画墨迹五大造园要素。这五大要素不是孤立地存在于园林空间中，而是彼此照应，彼此依托，相辅相成地构成一种完美和谐的艺术空间。但由于它们各自具有独特的风格与功能，各有相对独立的存在方式和景观特征，因此又可以作为单独的欣赏对象而存在。

筑 山

为表现自然，筑山是造园的最主要的因素之一。山是园林的骨架，造园必须有山，无山难以成园。因为"天下之山，得水而悦；天下之水，得山而止"，所以无水，山无生气；无山，水无依存。

秦汉的上林苑，用太液池所挖土堆成岛，象征东海神山，开创了人为造山的先例。东汉梁冀模仿伊洛二峡，在园中累土构石为山，从而开拓了从对神仙世界向往，转向对自然山水的模仿，标志着造园艺术以现实生活作为创作起点。魏晋南北朝的文人雅士们，采用概括、提炼手法，所造山的真实尺度大大缩小，力求体现自然山峦的形态和神韵。这种写意式的叠山，比自然主义模仿大大前进一步。唐宋以后，叠山艺术更为讲究。最典型的例子便是爱石成癖的宋徽宗，他所筑的艮岳是历史上规模最大、结构最奇巧的以石为主的假山。明代造山艺术更为成熟和普及。明人计成在《园冶》的"掇山"一节中，列举了园山、厅山、楼山、阁山、书房山、池山、内室山、峭壁山、山石池、金鱼缸、峰、峦、岩、洞、涧、曲水、瀑布等

17种形式，总结了明代的造山技术。清代造山技术更为发展和普及，现存的苏州拙政园、常熟的燕园、上海的豫园，都是明清时代园林造山的佳作。

山决定了园林的布局与走向，可以将园林分成不同的空间，形成不同景区。例如颐和园中的万寿山，山南有昆明湖，湖水荡漾，游人如织，欢声笑语；山北丛林茂密，溪水绕流，寂静幽雅。山南与山北形成两种境界。园林中的山除了本身有特殊的审美功能外，还可以形成园林中的制高点。登上山顶，可以鸟瞰全园景色，举目四望，园外美景亦可尽收眼底。

园林中的山有真有假。皇家园林规模宏大，以真山居多。私家园林因空间有限，以假山为主。筑山常采用堆山叠石的方法。堆山是指挖池堆土而成的假山，例如圆明园引玉泉山和万泉河两水系入园，挖池堆山，形成仿江南水乡景色的复层山水空间。叠石即叠石假山，把天然石块（湖石或黄石等）堆筑为石山。江南园林中的叠石假山最为普遍，著名的有扬州个园、苏州环秀山庄和拙政园、上海豫园的假山等。

点石，是堆山叠石的一种补充。在水际、路边、墙角、草地、树间点上几块石头，只要运用得好，立即会打破呆板平庸的格局，产生点缀不凡的艺术效果，别有一番情趣。

理　水

为表现自然，理水也是造园最主要的因素之一。"名园依绿水"，在中国古代园林中，有山必有水，山水在园林中相互依托，相互映衬，使得"山得水而媚，水得山而活"。园林里的水使一切景观都活了起来。"小荷才露尖尖角，早有蜻蜓立上头"，荷池小景因为有了水而形成一幅生机勃勃的图画。同样，如果没有杭州西湖浩瀚的水域，就不会有"平湖秋月""三潭印月""花港观鱼"这样的美景。

在中国古代园林中，自然式园林以表现静态的水景为主，以表现水面平静如镜或烟波浩渺的寂静深远的境界取胜；也表现水的动态美，但不是喷泉和规则式的台阶瀑布，而是自然式的瀑布。园林中的水有的是引自然之水入园，有的是凿池蓄水，如颐和园的昆明湖、杭州西湖都是引河流或湖泊之水入园；而拙政园、留园等则是人工造池。古代园林的理水之法，一般有三种：

一、掩。用建筑和植物将曲折的池岸加以掩映，或将水的源头或部分水域掩盖。为突出临水建筑的地位，不论亭、廊、阁、榭，其前部若架空挑出水上，水犹似自其下流出，用以打破岸边的视线局限；或临水布蒲苇岸、杂木迷离，造成源远流长、池水无边的视觉印象。

二、隔。此法指筑堤横断于水面，或隔水净廊可渡，或架曲折的石板小桥，或涉水点以步石。正如计成在《园冶》中所说，"疏水若为无尽，断处通桥"。这样便可增加景深和空间层次，使水面有幽深之感。

三、破。水面很小时，如曲溪绝涧、清泉小池，可用乱石为岸，并植以细竹野藤、朱鱼翠藻，使一洼水池也具有山野风致的审美感觉。

植 物

如果说山是园林的骨架，水是园林的血液，那么花草树木则是园林的毛发，植物是造山理池不可缺少的因素。花木犹如山峦之发，水景如果离开花木也没有美感。植物可以构成优美的环境，渲染气氛，并且起衬托主景的作用。配置树木花草应按一定方法，如果杂乱无章，则会使山水减色、园林失趣。王维在《山水论》中说："树借山为骨，山借树为衣，树不可繁，方显山之秀丽；山不可乱，方显树之光辉。"

园林中花木的选择是有讲究的，有三大标准：一要姿美，树冠的形态、树枝的疏密曲直、树皮的质感、树叶的形状，都追求自然优美；二要色美，树叶、树干、花都要求有各种自然的色彩美，如红色的枫叶、青翠的竹叶、白皮松、斑驳的粮榆、白色广玉兰、紫色的紫薇等；三要味香，要求自然淡雅和清幽。园中最好四季常有绿，月月有花香，其中尤以腊梅最为淡雅、兰花最为清幽。花木对园林山石景观起衬托作用，往往和园主追求的精神境界有关。如竹子象征人品清逸和气节高尚，松柏象征坚强和长寿，莲花象征洁净无瑕，兰花象征幽居隐士，玉兰、牡丹、桂花象征荣华富贵，石榴象征多子多孙，紫薇象征高官厚禄等。

另外，中国古代园林还重视饲养动物。中国最早的苑囿就把动物作为观赏、娱乐对象。宋徽宗建的艮岳集天下珍禽异兽数以万计，经过训练的鸟兽在徽宗驾到时能乖巧地排立在仪仗队里。园中动物可以隐喻长寿，也可以借以扩大和深化自然境界，使人通过视觉、听觉产生审美情趣。

建筑营造

中国古代园林中的建筑斗拱梭柱，飞檐起翘，具有庄严雄伟、舒展大方的特色。它不仅以形体美为游人所欣赏，还与山水林木相配合，共同形成古典园林风格。

园林建筑物常作景点处理，既是景观，又可以用来观景。楼台亭阁、轩馆斋榭，经过建筑师巧妙的构思，运用设计手法和技术处理，把功能、结构、艺术统一于一体，成为古朴典雅的建筑艺术品。园林建筑不像宫殿庙宇那般庄严肃穆，而是采用小体量分散布景。特别是私家庭园里的建筑，更是形式活泼，装饰性强，因地而置，因景而成。

园林中通常以一个主体建筑为主，附以一个或几个副体建筑，中间用廊连接，形成一个建筑组合体。这种手法能够突出主体建筑，强化主建筑的艺术感染力，还有助于造成景观，使用功能和欣赏价值兼而有之。常见的建筑物有殿、阁、楼、厅、堂、馆、轩、斋，它们都可以作为主体建筑布置。

书画墨迹

书画墨迹是中国古典园林造景的独特要素，是园林风景的画龙点睛之笔。"无文景不意，有景景不情"，书画墨迹在造园中有润饰景色、揭示意境的作用。园中必须有书画墨迹并对书画墨迹做出恰到好处的运用，才能"寸山多致，片石生情"，从而把以山水、建筑、树木花草构成的景物形象，升华到更高的艺术境界。

园林中的书画墨迹大都是文人根据园主的立意和园林的景象，给园林和建筑物命的名，或配以匾额题词、楹联诗文，不仅揭示"意境"，同时展现了中国书法艺术的魅力。书画墨迹在园中的主要表现形式有题景、匾额、楹联、题刻、碑记、字画。

题景是对景观的命名，所谓园有园名，景有景名。字数以二字、三字、四字居多。古典园林中的景名典雅、含蓄、贴切、自然，令人读之有声，品之有味。不管是直抒胸怀，还是含蓄藏典，游人都可以从景物的题名领悟它的意境。例如"疏影""暗香""小飞虹"西湖十景的"平湖秋月""断桥残雪""花港观鱼"等，另有"与谁同坐轩"等。

匾额是指悬置于门振之上的题字牌，匾和额本来是两个概念，悬在厅堂上的为匾，嵌在门屏上方的称额，也叫门额。因为它们的形状、性质相似，才习惯合称匾额。

楹联是指门两侧柱上的竖牌，也叫楹贴。园林内的重要建筑物上一般都悬挂匾额和楹联。其文字不仅点出了景观的精粹所在，同时，作者的借景抒情也可感染游人，激发游人想象。

刻石指山石上的题诗刻字。园林中的匾额、楹联及刻石的内容，多数是直接引用前人已有的现成诗句，或略作变通。

很多古典园林廊庑的墙壁上，都嵌缀着一块块题刻碑记，内容大体上包括园苑记文、景物题咏、名人轶事、诗赋图画等。它们不仅是一种装饰，更是园林的史料，对于广大游览者，又是很好的向导。如苏州沧浪亭门厅东西两侧的墙上，嵌着几块石刻，图文并茂。图是沧浪僧绘的《沧浪图记》，文是苏子美的《沧浪亭记》，一文一图组成"导游图"，共同向游人展示了宋时沧浪亭的盛况。

字画，主要是用于厅馆布置。厅堂里张挂几张字画，自有一股清逸高雅、字郁墨香的气氛。而且笔情墨趣与园中景色浑然交融，使造园艺术更加典雅完美。

风格的比较

《江南园林志》一书中写道："吾国园林，名义上虽有祠园、墓园、寺园、私园之别，又或属于会馆，或旁于衙署，或附于书院，其布局构造，并不因之而异。仅大小之差，初无体式之殊。"意思是说：尽管园林的种类繁多，但从造园艺术的处理手法来看，并没有多大区别。尽管北方园林与南方园林在造园艺术上所遵循的原则是一致的，但它们之间还是有区别的，这种区别主要表现为风格上的差异。

造成园林南北方风格差异的原因主要有两方面：

第一，地理位置的差异。南北两地因地理差异造成气候、温度、湿度、植物、自然风俗等差异。首先建筑形式有"南巢北穴"之分，这是由于两地建筑起源不同造成的。北方建筑造型工整、质朴、粗壮，南方纤细、精致、曲折。北方寒冷，建筑少窗而厚实，南方多雨潮湿，建筑通透、多窗通风。空间尺度上北方内外分明、等级森严，南方层次感强、玲珑通透、变化较多。在色彩方面，北方金碧辉煌、

大气磅礴，南方清淡、黑白对比强烈。

　　第二，文化方面的差异，北方长期作为中国的政治中心，其领导地位也在特定建筑中有表现。北方园林多为皇室园林，奢华大气、金碧辉煌。南方园林大多为官员大贾、文人所占有，因此园林体现出的奢华程度比北方较低，文化气息浓，追求小雅情趣。在宗教方面，北方佛教建筑以石窟著名，而南方以名山、佛堂、道观著名，同时两者都受到本地原著宗教影响，北方盛行萨满教、回教，南方少数民族也有自己的图腾崇拜和信仰。这就造成了两者的一些细微但明显的差别。

　　正是这两方面的原因，才使得南、北园林各自保持着独特的形式和风格。它们之间的差异主要表现在平面布局，建筑外观，空间处理，尺度大小以及色彩处理等五个方面。

　　从平面布局看，江南园林由于多处于市井，所以常取内向的形式，在指定的空间内尽量多的利用空间价值，曲折婉转，层次感强。这一特点在小园中体现得最明显，大中型园林虽然从局部来看也带有外向的特点，但从整体来看还是以内向为主。这是因为在市井内建园，周围均为他人住宅，一般均不可能获得开阔的视野和良好的借景条件。此外，建筑物的布局多遵循《园冶》所阐明的原则，尽量顺应自然，随高就低，蜿蜒曲折而不拘一格，从而使之与山池、花木巧妙地相结合，并做到"虽由人作，宛自天开"。北方皇家园林则不同，由于所处自然环境既优美，又开阔，所以多数风景点、建筑群均取外向布局或内、外向相结合的布局形式。这样不仅可以广为借景，而且本身又具有良好的外观。少数园中园，虽取内向的布局形式而自成一体，但多少还要照顾到与外部环境的有机联系。所以北方皇家园林是不同于江南私家园林那种完全闭关自守的格局的。此外，建筑物的布局虽力图有所变化，但终究还不能彻底摆脱轴线对称和四合院布局的影响，所以多少还有一点严肃、呆板，远不如江南园林曲折而富有变化。

从建筑物的外观、立面造型和细部处理来看，江南园林远比北方皇家苑囿轻巧、纤细、玲珑剔透。这一方面是因为气候条件不同，另外也和习惯、传统有着千丝万缕的联系。如翼角起翘，对于建筑物的形象，特别是轮廓线的影响极大，北方较平缓，南方很跷曲；北方园林建筑的墙面显得十分厚重，江南园林则较轻巧；江南园林在其他细部处理上不仅力求纤细，而且在图案的编织上也相当灵巧，北方园林则比较严谨、粗壮、朴拙。

从空间处理看，北方园林封闭性强，内外区分明显，等级分明。南方园林通透、灵动，层次感强，小巧精致，注重自然景物的融入。这可能是气候条件使然，但也和服务对象的不同以及南、北方生活习惯的不同有着某些联系。

南北园林建筑在尺度方面的差异也是极为悬殊的。北方皇家园林建筑如果与宫殿建筑相比，其尺度已经属于较小的一种，按营造则例规定，后者属于大式做法，前者属于小式做法。因此从整体到细部都不能与宫殿建筑相提并论。例如以北京故宫太和殿与承德离宫澹泊敬诚殿作比较，同属封建帝王处理朝政的宫殿建筑，但处于苑囿中的宫殿尺度则小得多。尽管如此，如果拿它和南方私家园林作比较，它的尺度依然要大得多。由此可见，江南园林建筑尺度之小巧，实在到了无以复减的程度。这里不妨以相同类型的建筑作比较，例如厅堂，这是园林中的主体建筑，一般都具有较大的体量，但同是厅堂，处于颐和园中的乐寿堂却比处于拙政园中的远香堂要大很多。留园中的林泉耆硕之馆，又名鸳鸯厅，在江南园林中堪称最大的厅堂，但仍小于乐寿堂。楼阁建筑也是这样，例如以承德离宫中的烟雨楼与拙政园中的见山楼作比较，两者都是二层的楼阁建筑，而烟雨楼几乎比见山楼大一倍。其差别之悬殊，简直使人难以置信。还有亭，其大小变化的幅度是很大的，所以很难从南、北园林中各选出一个来作类比，但若自南、北园林中各选出大小不同的

一系列亭子来作比较，便可发现在北方园林中属于较小的亭，也不亚于江南园林中的偏大者。

南北方园林尺度上的差异可以从以下两方面来分析：第一，服务对象不同，北方皇家园林为帝王服务，终究是要讲求气魄的，所以远非庶民可以相比拟。第二，所处的环境不同，同样大小的建筑处于大自然空间之中便显得小，而处于有限的庭院空间便显得大。根据这个道理，若把见山楼放在承德离宫那样的环境之中便显得小。反之，若把烟雨楼放在有限的庭园空间之中，则若似庞然大物。为与各自所处的环境相协调，所以在尺度处理上也应当区别对待。

南、北园林建筑的色彩处理也有极明显的差别，北方园林较富丽，江南园林较淡雅。

北方皇家园林中的建筑，如果与宫殿、寺院建筑相比，其色彩处理还是比较朴素、淡雅的。例如承德离宫中的澹泊敬诚殿，不仅没有运用琉璃瓦作为屋顶装饰，而且木的部分也一律不施油漆，使楠木本色显露于外，从而给人以朴素淡雅的感觉。另外一些北方皇家园林如颐和园、北海等，虽然有不少建筑也采用了青瓦屋顶、苏式彩画、壤绿色立柱等比较调和、稳定的色调来装饰建筑，但其主要部分的建筑群如排云殿、佛香阁、智慧海等，色彩还是十分富丽堂皇的。

与北方皇家园林相比，江南私家园林建筑的色彩处理则比较朴素、淡雅。江南园林建筑最基本的色调不外三种：以深灰色的小青瓦作为屋顶；全部木作一律呈栗皮色或深棕色，个别建筑的部分构件施墨绿或黑色；所有墙垣均为白粉墙。这样的色调极易与自然界中的山、水、树等相调和，而且还能给人以幽雅、宁静的感觉。白粉墙在园林中虽很突出，但本身却很高洁，可以借对比而破除沉闷感。

从花木配置来看，北方园林种植在严谨中体现活泼，南方园林种植在变化中寻求统一；北方在园林植物选取上偏向"三季有花、四季常绿"的效果，故而常绿植物在种植中广泛运用，北方的四大家常树种为：杨、柳、榆、槐。以华北地区为例，开花植物以海棠、梅、月季、桃、鸢尾、紫薇、杜鹃等居多，常绿植物多用柏类、女贞、黄杨等；南方园林植物选取常以突出地域特色为主，如热带、亚热带植物，其中对棕榈科植物的运用使得南方园林植物风格与北方差异性较大，在景观效果上大体都有观花、观叶、观果、棕榈类、藤蔓类以及各种一年生或多年生花卉植物可供选用，具体视地域特色而定。

第八章 继承和发展

继承和保护

中国传统园林在历史上名园迭出，但大多已被时代狂澜席卷而去，明清以前的园林已看不到完整的实物，只剩下几处遗址。我们通过文献记载，约略了解了它们的大致情况。那些幸存的几乎都是明清时期的园林，从全国范围看，数量虽然还不少，但艺术水平高的、称得上有特色的并不多。因为它们代表了一个历史时代的艺术，所以有着重要的历史意义和艺术价值。

除一大批明清时期的园林实物之外，还有浩如烟海的文献资料，不仅有专门论述园林的专著、园记、游记和有关的诗文、绘画，更多的是散见于各种正史、方志以及小说、笔记之中有关园林的记载。园记中著名的有唐白居易的《草堂记》、宋苏舜钦的《沧浪亭记》、司马光的《独乐园记》等；记叙苑囿园林比较完整的其他文献如《三辅黄图》，详细记载了秦汉的宫殿苑囿，《洛阳伽蓝记》在记叙北魏洛阳寺庙盛况中，也留下了许多园林的史料，

《东京梦华录》对当年北宋都城汴梁的宫殿苑囿和私家园林都有详尽的描绘。记叙明清时期园林的书籍就更多了。历史上，第一次比较系统地论述造园诸项原则和种种因素的理论性专著，应推明末计成的《园冶》，其他还有明末文征亨的《长物志》，清初李渔的《笠翁偶集》，李斗的《扬州画舫录》，陈溟子的《花镜》等都对造园做了各有特色的总结和论述。这种对造园的理论研究和总结实践经验的工作在清中叶以后，随着时代的衰落和园林的式微而逐渐静寂。到了近代，社会的巨大变革，使许多园林逐渐荒芜倾塌，传统的园林艺术濒于绝灭的境地。

解放以后，国家和政府对这些现存的古典园林，根据其保存的情况和历史、艺术价值，分别确定为国家文物，实行分级保护，并专门拨款维修、整理开放，作为对人民进行传统文化艺术熏陶和爱国主义教育的场所。近年，随着历史文化名城的建设与旅游业的兴起，古典园林的维修与保护问题就更显得重要和迫切。有些城市根据具体情况对一些古典园林进行改建、扩建，如南京的瞻园、上海的秋霞圃和豫园。有的还出于城市建设和旅游业的要求，经过充分的调查与研究，在原遗址上重建历史名园，如绍兴的沈园。对传统园林进行改建、扩建和重建时，首先应该忠实于原来的时代风貌，保持原有的景观特色，不能任意更改。因此，事先必须严格按科学态度进行规划设计。其次，新建部分在保持传统园林的风格和布局特色的前提下，应允许有所突破，以满足现代功能的要求。

这些都是历史留给我们的丰硕遗产，它经历了数千年的漫长过程，有着自己独特的风格，我们应该加以继承和保护。"温故知新"，古代园林是历史的产物，是为古代人服务的。我们承认古代园林的高度成就，它是先民的创造，是古代劳动人民智慧和血汗的结晶。现代城市容留古代园林的存在，正是没有忽略这一段历史的存在。一个城市像一个国家一样需要传统，需要历史的依托，这便是民族精神的体现。中国古代园林由于本身文化品类的包容性，扮演着其他文化遗存所不能替代的角色。中国正式颁布的历史文化名城，大都有着历史名园和风景名胜的依托，是城市历史风貌的重要组成部分。许多历史园林，被视作城市的名片，它们的保护和利用是延续历史、传承文明的最好载体。

中国传统园林艺术虽然有独特的风格和长处，但也存在着许多局限性。中国古典园林中的皇家园林比较开阔、壮观，私家园林则偏于封闭、曲折和幽深，所表现的是一种细腻、纤巧、玲珑的阴柔之美，与我们当今时代的风貌和心理特征不尽吻合。因此，我们应该把古典园林放在一个适当的历史地位上来看待。现在国内尚存的许多古典园林都属于中华民族优秀的历史文化遗产，得到国家和各级政府的法律保护。它们不仅为研究和发展中国传统造园艺术提供实物借鉴，而且也是进行爱国主义教育的场所。但是，那毕竟是属于过去时代的艺术，我们现在不应该，也不可能到处去新建古典式的园林。今天我们要建设和发展的是现代化的文化休息公园和其他多种专业性的公园。在全国范围而言，我们要建设的是各种等级的风景名胜区和国家森林公园，包括古代开辟的以及现代新发现的自然风景区。这些公园可以为人民提供广阔的休息娱乐场所和丰富多彩的文化活动。风景名胜区所展现的是大自然的壮美和传统文化的光辉。人们从名山大川中获得对祖国壮丽河山的感性认识，增强对国家和民族的自信心和自豪感。传统造园艺术必须适应时代的要求，在公园和风景名胜区的建设中得到新的发展。

古典园林中某一些引导和深化意境的匾额题词和楹联诗文，往往带有浓厚的士大夫生活情趣和封建思想意识。对此，我们要把它们理解为历史文物，不应该再去仿效。作为新时代的青年人能够懂得鉴别出其中的精华和糟粕，正确地评价它们。

在了解了中国古代园林的局限性后，我们应该知道其适应的范围。随着时代的变迁，传统园林的做法不一定完全适用于现代社会。比如叠假山，这是传统园林的主要造园手段，是表现山水这一主旨所必需的。它在私家园林面积有限而又封闭的空间中是自然山峦的典型化，虽然实际的尺度和体量都不大，却仍然能体现其高峻与幽深的境界，宛若自然。可是，现在有一些城市，堆叠假山成风，不论公园还是空旷的广场都堆，结果是假山的体量很大，却显不出山峦的气势，像一堆乱石头，花了钱，费了人力，效果并不好。当然，也有处理得好的，那是对传统的假山技术进行改造，以现代化材料代替湖石和黄石等价格昂贵的天然石料，强调整体效果，恰当地处理好与周围环境的关系，如广州流花湖旁的山石景色，尚称自然，是对传统假山的继承与创新。另外，古典造园强调景色入画，往往曲桥无槛，径必羊肠，廊必九回。这些也不能到处搬用。

古代园林毕竟是古代人的创造，充分体现出了古代人的生活方式和生活情趣，其中虽然有许多方面是值得我们继承的，但是，我们必须看到时代的变化所带来的对古代园林的扬弃。如果说，古代园林是古代城市发展的必然产物，那么现代城市的发展，必将影响现代园林的发展趋势，我们的时代应有新的风貌和相应的手法。它们不是一两天就可以形成的，一定要在传统的基础上进行变革、创新，通过不断的实践，逐步成熟。文化是有继承性的。古典园林提供给我们的不是现成的模式，只是借鉴。传统的手法必须跟随时代的变化而发展。因为时代的进步，带来技术、材料和施工条件的巨大变化，社会的功能要求也更高，层次更多。传统手法只有适应新时代的要求，才会有发展前途。

　　当今我们在城市中大量建设的各类文化休息公园，原先都是由西方传入的，但在强大的传统文化的影响下，经过一段时期的实践，很快就形成了中国自己的民族特色，但又不是传统的园林式样。它们的风格是开朗、明快的，但又无处不透出以自然为意趣的传统影响。近年的公园建设又出现了许多新的专业性园林，如植物园、药物园、盆景园等，南京的药物园、无锡的鹃园和广州的兰圃都属于这些类型。它们从布局到景点设计都运用了对景、借景和障景等传

统园林的手法，并有了新的发展。

"现代园林"已不是城市园林最新的追求目标，一个新的提法是"大园林"。大园林的概念应该是园林化的城市，或者是城市园林化。国内高速发展的城市，每天都有高层的建筑在施工，这些混凝土结构的高楼大厦，人们称其为水泥森林。生活在这样空间里的人群，无法实现生态的合理平衡。因此，街头绿地、广场绿地、屋顶花园、凉台花卉、垂直绿化等等为改变"水泥森林"不良效应的绿化手法，就显得格外重要。但是这些只是补救措施，大园林的概念是城市规划的重要前提和主要追求的量化标准。在这一方面，现存的古代园林，不但是大园林中的不可忽略的组成部分，更为重要的是，中国古代园林的造园理论和手法，也会在实现大园林的过程中发挥作用。

对现代的启发

"天人合一"是中国古典园林哲学思想，它包含着中国古人对待人天的宇宙观，对待自然的态度，对人与自然关系的诠释。天人合一的核心思想，就是协调人和自然的关系，使之和谐发展，维护生态系统的生生不息。在现代科学体系已建立的今天，天人合一的园林思想在诸多方面与现代景观生态设计殊途同归。"天人合一"的园林思想注重人与自然的关系，尊重自然，保护自然，在园林的营造中强调自然美，因地制宜布置园林要素，强调山、水、石、树木、建筑的融于自然，强调对自然珍稀植物的保护。这引发了人们对现代景观设计的思考，影响着现代城市景观的设计。"天人合一"强调的是人与自然和谐共生，我们要从高度保护的角度出发，采用绿色的设计方法，珍惜自然资源，减少对自然环境的污染，实现自然资源的循环再利用。

追求诗画意境是中国古典园林艺术理念中最基本的组成部分。中国古典园林留给我们思考的，不仅是园林空间的设计和形态上的表现，更是伴随园林的意境所包含的造园者的文化层次、思想情感及园林更深层次的文化内涵，它赋予园林艺术灵魂，情由景生、境由心造、情景交融。中国古典园林区别于世界上其他园林体系的最大特点就在于它不以创造呈现在人们眼前的具体园林形象为最终目的，追求的是表现形外之意、象外之象，也就是所谓的意境。意境实质上是园主所向往的，寄托着情感、观念和哲理的一种理想审美境界。在物质丰富的现代社会，人们渴望获得精神上的一种超脱与自由，享受到审美的愉悦。所以意境是现代景观设计中必不可少的设计因素。意境通过观赏者对自然景物的观赏和感受，赋予景象以某种精神情感的寄托，然后加以引导和深化，使其在游览观赏这些具体的景象时，触景生情，激发想象，对眼前景象进行不断的补充与拓展，感悟到景象所蕴藏的情感、观念，让人有一种脱离世俗、超然物外的感觉。

传统园林讲究相地（中国踏勘选定园林地域的通俗用语），根据市井、郊野或山林等不同地形地貌，结合风水等要素来设计园林，以求"精在体宜"。园林是人类追求最理想的人居环境的产物，创造更加舒适宜人的小气候环境是享受园林生活乐趣的前提。因此，东西方古典园林都十分注重如何利用自然气候条件，在庭园中营造出舒适宜人的小气候环境。因地制宜的造园理论，如今仍是景观设计的重要元素。只有因地制宜才能创造出风格独特的园林。回归自然、亲近自然，是人类的天性。人与自然的和谐共处，是确保环境可持续发展的重要原则。自然界在漫长的演化过程中，已形成一个自我调节系统来维持生态平衡，其中水分循环、植被、土壤、小气候、地形等在这个系统中起决定性作用。因此在进行现代景观设计时，应该因地制宜，充分利用原有地形及植被，避免大规模的土方改造，尽量减少因施工对原有环境造成的负面影响，尽量不对原始自然环境进行变动，保护原有生态系统。

中国古典园林是一种综合性的空间艺术，为了达到突破视觉局限、与天地融通的要求，造园的过程中非常强调借景。借景包含借入与屏出两个部分。《园冶》指出："借者，园虽别内外，得景则无拘远近，……俗则屏之，嘉则收之。"有"远借、邻借、仰借、俯借、应时而借"等种种手法。中国古典园林尽管建造在封闭的空间中，但并不局限于园址边界的限定，而是以场地的视觉边界为设计范围，通过巧妙的借景手法来形成完整统一的园林景观，正可谓巧于因借。此外，巧于因借还起到空间的引导和指示作用，使得园林中的景致令人目不暇接。许多现代园林设计师都把场地的视域空间作为设计范围，把山脊线、天际线或地平线等作为空间的参照，通过借景形成园林与周围环境的融合，或把周围的地域性景观类型引入园林。现代城市造园，多局限于高楼林立的狭小空间。如何至有限的空间于无限之中，是游人目之所及尽是美景而没有视觉干扰的关键。中国古典园林的借景手法就可以做到这一点。现在在很多狭小城市的公共空间运用借景手法来拓展视野空间已成为一种流行趋势。西安曲江华府充分运用了借景的造园手法，利用廊架开辟赏景透视线，有意识地把远处的电视塔借入到园内的视野中来，扩大景物的深度和广度，丰富游赏的内容，收无限于有限之中。

中国古代园林常在狭小局促的空间内，通过曲径通幽、移步换景，让人在游赏的过程中感受其丰富的空间层次。由于人体所接受的外界信息，80%来自视觉，因此，中西方园林都十分注重视觉效果的表现。中国园林通常运用小中见大的设计手法，即以有限面积创无限空间来营造视觉空间。在中国古典园林的类型中，私家园林和皇家园林为表现出诗情画意的美学内涵，通常运用曲折、断续、对比、烘托、遮挡、透漏、疏密、虚实等手法，取得山重水复、柳暗花明的效果。这样就可以达到"套室回廊，叠石成山，栽花取势，又在大中见小，小中见大，虚中有实，实中有虚，或藏或露，或浅或深"的境界，造成无穷空间的意象。而当前我们也可以通过现代的空间布局，结合传统的"小中见大"的设计手法，来创造新颖的现代景观空间。现代城市的公共空间、别墅院等的设计，小中见大的设计理念仍是设计师们的设计理论之一。

中国古代园林中的建筑是园林不可分割的一部分，山、水等景观都离不开厅、堂、楼、阁、榭、桥、廊等建筑物的对镜匹配。中国古代园林用种种办法来分隔空间，以达到曲径通幽的效果。所有建筑，其形与神都与天空大地等自然环境吻合，同时又使园内各部分相接，以使园林体现自然、淡泊、恬静、含蓄的艺术特色，并收到移步换景、渐入佳境、小中见大等观赏效果。师法自然、融于自然、顺应自然、表现自然——这是中国古代园林体现"天人合一"民族文化之所在，是独立于世界之林的最大特色，也是永具艺术生命力的根本原因。中国古典园林建筑无论多寡，也无论其性质、功能如何，都力求与山水植物有机地组合在一系列的风景画中，突出彼此的协调与相互补充，从而达到一种天人合一的人工与自然高度协调的境界——天人和谐。即使建筑物比较密集也不会让人感觉到局限于建筑之间，虽处处有建筑，却处处洋溢着大自然的盎然生机。这种和谐情况在一定程度上反映了中国传统的"天人合一"的哲学思想，体现了道家对待大自然的"生而不有，为而不恃"的态度。现代城市的建设应该根据所处的自然环境，将城市建设融入到自然中去，形成和谐的城市生态体系，以鲜明强烈的区域性文化特色来形成鲜明的城市风貌。

现在许多城市的街头绿地、新的建筑和建筑装饰，包括植物配置的树种，植物的组合搭配习惯，墙垣的形式，装饰纹样，或者色彩处理，都从古代园林中得到借鉴。古代园林在现代城市中的优势在于它仍然保留静寂而又深远的历史空间，凝固了历史的刹那形象。因此，古代园林比现代建造的园林多一层内涵，多几分底蕴，让现代游人多了几分思考。

有些古代园林在城市建设中，扩充了范围，增加了景点，增加了现代化的内容。因古代园林有较高的知名度而沿用旧名。这种事例比比皆是，仅北京就有陶然亭公园、紫竹院公园、卧佛寺植物园等等。这种既满足了现代游览的需求，又很好地保护了文物。但现在完整的古代私家园林，似乎不宜照此办理，否则，会失去原貌而损害历史价值。

在现代园林修建中，比较注重"生态园林"。生态园林从生物界之间的化学、物理和生理关系来看待现代人对园林的需求，并用相关的理论去指导造园。古代园林注重精神方面的满足，而现代园林则强调物质，强调自身与自然界物质的转化。

在飞速发展的现代城市建设中，园林事业的发展已经被看做是城市建设的重要硬件。古代园林在数量上、功能上都满足不了现代人和现代生活的需要。中国需要新的园林，但即使在这些园林中，中国古代园林的神韵依旧会在一亭一径、一草一木中展现出来。

国际地位与影响

古往今来，中国与东西方在园林艺术的思想和方法上的交流，随着思想观念、信仰精神的相互交往而相互影响着。西方文化界在自省中认识了中国人精神的哲理性、文化的精深、情感的诗意。而中国人重新重视了中西文化艺术之间的关系，尤其对于西方先进国家的科学文明在更高层次上有了本质性的领悟。世界上已形成两大古代园林体系：中国的自然式山水园林和欧洲大陆的规则几何形园林。对于彼此的园林艺术和园林艺术思想的研究、讨论、借鉴是中西方共同迫切需要的。

中国古典园林艺术具有悠久的历史，它以东方文化精神的独特性与辉煌的艺术成就为世界所瞩目，曾对世界造园艺术产生深远的影响，为人类文明的发展做出了重要贡献，以致有"中国是世界园林之母"的美誉。中国园林热（包括建筑形式、装饰手法）风靡世界，中国的传统园林在历史上曾深刻地影响了朝鲜和日本，共同形成了东方造园系统，17至18世纪又影响了欧洲，出现了所谓"英华庭园"。近年，人们发现西方现代派艺术的崛起曾从东方艺术中得到可贵的启示。中国园林重表现、重意境的特色重新引起西方学术界的注意，许多来华访问的学者对中国传统的园林艺术表现出极大的兴趣。美国、法国、加拿大、德国和澳大利亚等国都相继在一些著名的大城市中建起了一批中国的古典式园林。这是在新的社会形势下，东西方文化交流的重要组成部分。

世界两大造园系统

由于各个国家和民族都有自己的艺术特色和风格，因此，造园艺术在世界上种类繁多。按园林的布局方式及其审美情趣的不同，可以将世界上众多的造园类别划分为两大类，一类是自然式园林，另一类是几何规则式园林。

自然式园林是以表现大自然的天然山水景色为主旨的园林。它布局自由，表现出的是一种人与自然和谐统一的宇宙观。人们可以在这样一个人为创造的自然环境中，或游，或居，怡然自得，享受林泉之乐。属于这一类的主要是东方国家，如中国、日本、朝鲜，可称为东方造园系统。英国在18世纪也曾流行过自然式风景园，造景偏于自然主义，后来又受中国影响，但与表现自然的东方园林仍有区别，而且流行时间不长，到19世纪又回到欧洲古典主义去了。

几何规则式园林与自然式园林不同，其总体布局往往有强烈的对称轴线，道路多半是直线形的，形成矩形或放射形交叉，草坪和花圃被分划成各种几何形状的块块，一些树木被修剪成球形或圆柱形，处处表现出人对自然的控制与改造，显示人的力量。属于这一类的主要是西方国家，包括西亚和阿拉伯，可称为西方造园系统。主要代表有意大利文艺复兴时期的庄园和法国17世纪的古典主义园林，最著名的是巴黎的凡尔赛宫。凡尔赛宫在法王路易十四时期开始营建，至路易十五王朝完成，历时百年，主持园林规划设计的是勒诺特尔。宫殿建在高坡上，东面正对巴黎城市三条放射形林荫大道，西面正对园林中轴线。轴线全长3公里，有一半是十字形水渠，两侧布置对称的花坛、喷泉和雕像。路易十四的卧室就在宫殿正中的二楼，他可以一边眺望城市，一边观赏园林，全园景色历历在目。园林没有界墙，轴线消失在莽莽林海之中。整个凡尔赛宫园林的布局体现出王权的至高无上。现在的凡尔赛宫殿已辟为博物馆，和园林一起对公众开放，供人参观游览。

以上两大类园林各自根植于自己的民族文化土壤之中，所绽开的人类智慧之花也神采各异，风姿不同，不能做简单的类比，分出孰高孰下。正是由于有众多形式和风格殊异的园林艺术作品，才使世界的园林呈现出丰富多彩、绚丽夺目的景象。

对日本造园方面的影响

中国和日本是一衣带水的邻邦，有着共同的肤色和类似的文字，文化上的相互关系更是密切。在中日文化交流过程中，中国文化对日本造园有着深远的影响。

早在隋唐时期，中国的园林艺术随佛教经朝鲜传入日本。当时日本正值推古女皇时期，有一个名叫苏我马子的大臣，从朝鲜学到中国的造园法，在日本建造了第一座庭园。园中仿照中国自秦汉以来在苑囿和园林中流行的模式，挖水池，池中筑岛，象征海中的须弥山，其间架设富有中国特色的吴桥。当时从事建造园林的匠师和工人都是从中国和朝鲜渡海过去的。

中国园林艺术思潮，历来影响着日本园林的创作。在历史上，中国社会思想的流变，也都对其创作起着作用。中国园林艺术中的佛教思想，虽然感染了日本平安朝的创作，然而对于其园林意境更为深刻的触动，却是在镰仓时代，禅宗及宋儒理学思想传入以后。禅宗及理学思想为日本当时的统治者——"武家"所利用，由于政治上的推崇与奖励，一时得到极快的发展。禅宗及义理的哲学思想在日本普遍流传，深入民间而成为左右社会风尚的主导，是在1334—1573年间（室町时代），这也正是日本造园史上的黄金时代。镰仓、室町时代日本禅僧最喜欢传诵苏东坡的"溪声便是广长舌，山色岂非清净身"的带有浓厚禅味的自然观的诗句。这也可以看出中国宋、明儒家思想对其影响之深。当时日本的禅僧在学术界占有统治地位，禅宗及宋、明儒家思想也就成为当时日本文学艺术的主导思想。这反映在造园艺术上，不独是园林意境，甚至在具体意境上都有显著的表现。诸如渲染深山幽谷隐居环境的松风、竹籁、流瀑等声响的借用处理，象征观音、罗汉的石峰点置，效仿摩崖造像的点景处理，以及普遍使用的三尊一组的构图章法等等，比比皆是。

随着中日两国使节、僧侣、商人、学者逐渐频繁的来往，两国文化得到进一步的交流。中国造园技艺得以直接、及时地介绍到日本。

如镰仓时代（中国南宋时期），日本禅僧荣西再度入宋，留学四年，回国的时候，将茶及啜茗这一林泉生活习尚带回日本，这可以说是孕育后来室町时代（约明朝中叶）茶道之风及从而产生的一次园林创作的巨大变革（"茶庭"等类的出现）的胚胎。明代末年，中国有一位进步思想家朱舜水流亡到日本，对中日文化的交流作出过重大的贡献。他擅长于建筑与造园。明亡之后，他积极参与复明抗清活动，曾随南明的著名将领郑成功北伐。北伐失败后，他看到复明的希望已成泡影，不愿屈节降清，遂流亡日本，先在长崎讲学，后来受水户藩主德川光国的聘请，移居江户（今东京）。光国尊朱舜水为师，经常请教有关国家施政大计、礼乐典章制度与文化学术问题。在营建后乐园时，因慕其博学多才，特请他参与后乐园的设计与施工指导。后乐园是水户藩主的邸苑，也是江户时代有名的回游式筑山泉水园，经过水户藩主德川赖房和光国两代的努力才完成，总面积约100余亩。朱舜水把中国明代流行的文人园布局与风格引入后乐园，结合大片水面和起伏的地形，仿西湖和庐山的风景，在园中建造了西湖堤、圆月桥。书院前面还用类似太湖石的奇岩怪石叠成双剑峰和炼岩。据朱舜水《春游小石川邸后乐园记》的记载，园内"有崇山层峰，有奇树怪石，有石堤长流，有深渊平渚。""高楼傍山，茶店临水，檐宇翠飞，轮奂尽美。"后乐园的设计曾对当时栗林庄、偕乐园等回游式园林的建设产生过很大的影响。

日本造园在其发展过程中，在不断借鉴外国，特别是借鉴中国的同时，仍保持了自身风格的独立完整。现代日本园林，无论是其经营艺术还是工程技术，在传统的基础上都取得了很大的发展，达到了世界公认的高水平，这对于近代以来已经落后了的中国造园来说，是值得学习和借鉴的。

对欧洲造园方面的影响

中国园林艺术对欧洲的影响，最早出现在16世纪的法国。当时法国园林中有仿造中国的假山，后来，路易十四于公元1670年在凡尔赛宫建瓷特里阿农，在卧室内用瓷砖贴面，仿造中国的琉璃建筑。它在形式上虽属不伦不类的假想，但却足以说明路易十四时代对中国宫苑的憧憬。这种仿造表现出法国人对中国文化的浓厚兴趣，也还多少带有猎奇的心理因素。17世纪中叶以后，中国的园林通过商人和传教士的宣传介绍，逐渐为欧洲所了解。18世纪后半叶，在浪漫主义文艺思潮的冲击下，这种园林又进一步发展而形成"图画式园"。"图画式园"以新贵们的庄园、府邸园林为代表。这类自然景象园林的出现，就外因而论，主要是受到中国造园艺术的影响。

英国的贵族们在17世纪末期对传统规则式园林逐渐感到单调而生厌，认为山林中的怪石断涧、野穴苍岩比权门富室古典庭院中的方蹊直径更为活泼。当时的一些文学家纷纷歌颂自然，赞美自然风景。英国的造园终于在18世纪发生变革，出现自然风景园。在造园家布朗的作品中，已把成行的林木分成若干堆，把方整池泉改为湖沼，广阔水面，林谷交织，排除花卉雕像，于是一幅天然图画呈现在人们眼前。英国建筑师钱伯斯曾两次到中国，他在著作里赞扬中国园林说"中国人设计园林的艺术确是无与伦比的，欧洲人在艺术方面无法和东方灿烂的成就相提并论，只能像对太阳一样，尽量吸收它的光辉而已。"他于1750年为肯特公爵建成丘园。这是一座中国式的园林：园内有湖，湖中有亭，湖旁有耸高163尺的10层四角形塔，角端悬以口含银铃的龙。塔旁更有孔子楼，图绘孔子事迹。这种受中国影响的风景园在英国日趋完善，传到法国，被称为"英华庭园"。

德国、荷兰也都逐渐受到中国古典园林的影响。德国在威廉索痕筑木兰村，村旁小溪起名吴江，村中一切情景都模仿中国，俨然中国江南园林。当时，德国还出现了以龙宫、宝塔、水阁等点缀的园林。这种"英华庭园"又通过德国传到匈牙利、沙俄以及瑞典，一直延续到19世纪30年代。

欧洲造园，在中国影响的冲击下所出现的上述造园思潮虽然风靡一时，遍及欧洲，但这种自然风景园和中国传统的园林在意趣上仍是有区别的。而且其中建造的许多园林只停留在形式模仿的阶段，有的只是出于猎奇，赶时髦。民族的心理特征和审美情趣的巨大差距不是轻易可以改变的。所以"英华庭园"在欧洲风行了近一个世纪之后，终于衰落下去，成为历史上中西文化撞击所留下的印记。但是那种在中国影响下，按照欧洲自己对自然的理解和趣味，不断提高而形成的"风景式"或曰"自然式"流派，得到了健康的发展。就这类作品而言，无论是主题构思还是景象意境的创造，都有可以与中国古典园林媲美的独到成就。